保育のきほん

4・5歳児

『ちいさいなかま』編集部編

もくじ

文字・数との出あい

四、五歳児の発達と生活・遊び

京都府立大学
服部敬子

はっとり　けいこ
京都大学大学院教育学研究科博士後期課程単位取得。
京都府立大学公共政策学部福祉社会学科准教授。
研究テーマは、子どもの自我の発達と集団づくり。
共著に
『幼児が「心」に出会うとき』(有斐閣)
『育ちあう乳幼児心理学』(有斐閣)
『保育計画のつくり方・いかし方』(ひとなる書房)
『人と生きる力を育てる～乳児期からの集団づくり』(新読書社)
『教育と保育のための発達診断』(全障研出版部)
ほか

二つの世界を行き来する四歳児

「幼児期における思春期」とも言われる四歳児。身のまわりの世界を新たに見つめ直し、なかま関係を深め、自制心を培っていく姿を、まずは「二つの世界を行き来する」という発達的な視点からみていきましょう。

変化や因果関係を発見！

それまで「なんで～なの？」とたずねまくっていたアキちゃん。三歳後半になって「アキが動いたらお月さまも動くなあ」「明るいときはうすかったのになあ、暗いときはキラキラのお月さまやなあ」といった対比的な関係づけをするようになり、四歳児クラスになったころには、「なあ、なんでお月さまってだんだん丸くなるか知ってる？――あのな、細かったらウサギさんが落ちてしまうからやで」のように変わってきました。自分の動きと月の動き、明るいときと暗いとき、丸いときと細いとき、のように二つの状態を同時に思い浮かべて対比できるようになることで、その間の対応関係や変化をとらえ、「もし～だったら…」と仮定も取りいれて両者をつなぐ理由づけを考えだせるようになったようです。

手品を見ても、「まぁそんなこともあるわな」といった顔つきでぽーっと見ていた時期からうって変わって、「なんで!?」「あ、わかった！　○○やからちゃう!?」と驚喜と感嘆の声をあげるようになるのがこの時期です。「Sちゃん、カオがかけるようになった！前はマルだけやったのになあ」など、友だちの変化も見逃さず伝えようとするでしょう。これまで見すごしていたこと、「あたりまえ」だったことが急に「ふしぎ」に思えたり、対応関係が見えてきたりして、四歳児の毎日は「発見」に満ちています。おとなにとって困る「いたずら」も、〝××したらどうなるかな？　△△になるかな？〟と、因果関係を確かめようとする「実験」であることが多いのです。

「～たい」と「～べき」の間で考える

四歳になって間もない子どもたちには、〝～すべきなんだろうケド～シナイ（スル）！〟とでもいうように、集団活動を横目に見る「はずれ行動」が見られがちです。これまであたりまえにできていたことをしなくなって、おとなには「困った行動」とうつるのですが、日常の繰りかえしのなかでこれまでにうっかり（？）身につけていた「～べき」習慣や行動パターンをいったん崩し、「～だから…」と新たな対応関係を考え、意味づけ直そうと懸命なのだと考えられます。

二～三歳児であれば、まず「そっか、したくない／～したいんかぁ」と受けとめてから「～して～しよっか」「～したらおいでね」といった譲歩案で気持ちを切り替えることも多いのですが、四歳ごろには、「朝に体操したら元気もりもり強いからだになる」「きょう何して遊ぶかみんなで決めるから集まろう」「自分がいないとグループの友だちが困る」といった理由づけが必要なようです。自身の体験にもとづいて「～だから～するほうがいい」と実感して納得したい！　という発達要求として受けとめたいと思います。

ルールを遊ぶ

身のまわりのできごとについてさまざまな因果関係を発見していく四歳児たちは、「〜のときは〜すること」「〜したら〜になること」というルールのある遊びを楽しむようになります。「ここから落ちたらトロルに食べられるんやで」「ここは玄関、な、だから、ゴメンクダサーイって言うんやで」…など、ある種の約束ごとをつくり、それに向けて調整することが、楽しさのもとになっていることがわかります。

また、「コドモがいると散らかっていやになっちゃうわ」と標準語ごっこモードで話しているかと思えば、「いーれーて」と来た子に「そこは入るところとちゃうでー」と方言現実モードで指南し、「お客さんがきたわよ〜」とまたごっこモードに戻ります。「自分のイメージ」と「相手のイメージ」、「ホント」と「ウソっこ」という二つの世界を巧みに行き来しはじめます。

「いーれーて」と寄ってきた友だちに「いーやーだ」という返答も出てきますが、これには「今のなかまでやっているこの状況」がとても楽しいがゆえに、それをこわされたくないという気持ちがあるようです。そんなとき、「いじわるしないで入れてあげて」と説得するよりも、うまくその状況に入れるような役や一品を「いっしょに」考えてみてはどうでしょうか。犬やネコになってうまく入りこむ姿もよく見られます。

「前」のことばを受けて「次」のことばをつないでいく「しりとり」も楽しみはじめま

す。勝ち負けにも敏感になりますが、「ン」がつきそうになると忠告して助けてあげるなど、続けていくという「ルールを楽しむ」四歳児です。

「心の理解」の発達と「教えあう」関係の成立

四歳児クラスに行って初対面の子に名前で呼びかけると、「え？　なんで名前知ってるの？」とふしぎ顔。四歳ごろから、「自分が知っていること」と「他者が知っていること」を区別し、「知る（わかる）」ことと「見る」「聞く」ことの関係を理解しはじめるのです。「知る」ために工夫や努力をしはじめ、「わかる」「考える」ことの値打ちがわかり、自分は「知っている」けど相手は「知らない」ことを「教えてあげたい」という気持ちが高まってきます。いっそう、相手の気持ちや考えがわかって寄り添うことができてきます。

できない、わからないときに、「できないっ！（怒）」と投げだすのではなく、友だちに「教えて」と言えるようになることも重要な変化です。全部でなくても、少しでもできるようになったというプラス方向の変化を見つけて伝え、喜びあう。細やかな部分に着目して他者との共通理解を深め、相手が「わかる」過程に重点をおいて、その変化をとらえて共感しあう四〜五歳児の姿に、「教育」の原点をみる思いがします。「できた人から遊びに行っていいよ〜」と言われても遊びの予約をしている友だちを待ち、「できた人はできないお友だちに教えてあげてねー」と声をかけられると嬉々《きき》として手伝う姿がみられます。頼り、頼られる関係のなかで「なんでも一番でなきゃイヤ」というこだわりもとけていくのではないでしょうか。

「〜シナガラ〜スル」活動スタイルの獲得

こうした四歳児の姿は、「一方に注意を向けながら他方にも注意を向けて、全体をまとめて一つの新しい行動をつくりだす」、つまり、「〜シナガラ〜スル」という活動スタイルの獲得が基盤になっています。ブランコの動きに注意を向けナガラ足を曲げ伸ばししてこぐ、オニの動きを見ナガラ走って逃げる（それまでは直線的な往復になりがち）、支えるほうの手も調整しナガラ利き手で道具を使うなど、「注意を分けることで一所懸命に打ちこむ」姿が見られるようになってきます。「見る」力、注意する力が質的に変わってくるのです。

このころ、絵を描くときに細部にこだわる子や、「描けない！」と訴える子、自分が描くよりもほかの子が描くのをじーっと見ていてなかなか描かない子が目立つようになります。つい、「もっと大きく描いたら？」とか「友だちのばかり見ていないで…」などと声をかけてしまいがちですが、四歳児は、積極的に「見る」ことで他者のやり方のいいところを取りだし、自分のやり方に取りいれたいのです。「見る」力が発揮できるように、話しながらオープンに見せあいっこをして、「どんどんマネしていいよ」という関係をつくってみてはどうでしょうか。芸術的なオリジナリティも、まずはていねいな模倣から始まるのですから。

「指導がむずかしい」子の発達的な理解となかま関係

四歳児クラスで指導のむずかしさが目立ってくる子たちは、「～シナガラ～スル」という活動スタイルの獲得に困難さをもつために、これまでに記したような「考える」「見る」「調整」がしにくく、友だち関係も深まりにくいというしんどさを抱えています。

言語表現やイメージする力が弱く、絵本も集中して見られないSくんが「桃太郎」の「おじいさん」役に名乗り出たときのこと（岩崎、二〇〇八）。練習が始まりましたが、長いセリフがどうしても言えず、不安で表情がくもってきたSくんを見て、担任は言いやすいセリフに変えて「言えた」ほうが自信につながるのではないかと考えて先輩に相談しました。すると、返ってきたのは「Sくんの力信じとんだろ？　だったらなかまの力を借りて獲得させていったらいいんよ」との助言でした。

そこで、翌日の朝の会でSくんがセリフを言えないことについてほかの子どもたちに相談をもちかけてみると、「友だち一人がそのセリフを言ったあとにSくんも言う練習をしよう」ということになりました。すると、Sくんが困っていることがほかの子どもたちにも明確になって〝次は言えるかな〟と気持ちを寄せて見つめるようになり、Sくんも自分で意識してゆっくり言ったり、間違えたところを言い直したりするようになったのです。

そして、互いに見あう場面練習のとき、ついにSくんが初めてセリフを間違えずに言えました！　その瞬間、「やった～！　言えたやん！　すごいやん！」と歓声をあげてSくんを取り囲む子どもたち。Sくんは言えたことに自分でも驚いているようすでしたが、その後、小道具の出し入れなどの役割も意欲的に果たすようになり、それまで人前で発言したことがなかったSくんが自ら手をあげて「○○くんの△△がかっこよかった」と、友だちのいいところを見つけて言うようになったそうです。

「自制」心は「自励」心

故田中昌人氏は四歳児が「誇りをもって自制」することについて、「それはたんなる我慢ではなく、自分の世界を修正可能な世界としてひろげていきます」と述べています。「～だから～しようね」というだけではなく、「～だから（だけど）……どうしたらいい？」と子どもたちといっしょに考え、やりナガラいろいろな矛盾に気づき、寄り道やまわり道をしながら生活や遊びのルールをつくっていってはどうでしょうか。おとなに説得されてがまんするというよりも、自分を必要としてくれるなかま関係のもと、自分たちで考え、必要性がわかって「～するほうがいい」と自分を変えていける、それがこのころに育ってくる「自制心」であり、「自励心」とも言えるものなのだと思います。

身のまわりの因果関係や変化をとらえ、考えること、ルールに向けて調整することが好きになる四歳児。ちいさな発見をいっぱい、共感しあえる生活となかまを求めています。

記憶の研究で、「一番古い記憶は四歳から」と言われるように、四歳ごろから「自伝的記憶」が始まります。〝だんだんできるようになる〟手応えが得られる「技」への挑戦など、友だちといっしょに目標を高めていける活動に取りくむなかで、友だちと見あい、認めあい、友だちや自分の変化を実感していってほしいと思います。

「第三の世界」で発達の主人公となる五歳児

初めて訪れる幼稚園や保育園に足を踏みいれたとき、「アンタ、だれ？」「なにしにきたの？」「オレ、なんていう名前か知ってるか？　当ててごらん」などと、ちょっとえらそうに挑んでくるのはたいてい、五歳後半の子どもたちです。ごっこやルールのある遊びで盛りあがっているときにはそちらを優先し、「タイム」や「お買いもの」などの合間を見計らってくることもあります。

五歳になった保育園の「主」たちは、おとなであろうと新参者と見るや、さまざまな場面をとらえて園やクラスの案内や人物紹介をしてくれます。「まず最初にな、ここのすべり台からクツ落とすの。そしたらオニはな…（中略）つかまえたらその子もオニになるの」「ここはな、子どもだけが入れるひみつのきち」「このきゅうりはひまわり組がお水あげてな、おっきくなったら給食の先生にお料理してもらってみんなで食べるの」「この子はな、Kちゃんていうの。お話するのがむずかしいからな、ちがうホイクエンにことばのおべんきょうしに行ってはるの」

ルールやひみつを共有できる友だちと場所、見とおしをもってまかせられた大事な役割、教えてもらった新たなものの見方、自分たちの保育園とは違うホイクエン、ふだんは見ない人との出あいなど、「第三の世界」を介する新鮮な体験が、この時期の「伝えたい」パワーの源泉になっていることがわかります。自分の身のまわりのことは少々手を抜いたりあとにまわしたりしながらも、まかせられた「保育園まわり」の役割は嬉々として責任をもって果たそうとするのが五歳児です。

「生後第三の新しい発達の力」の誕生へ

通常の場合、五歳から六歳にかけて、「学童期なかばへの飛躍的移行」を成しとげるための「新しい発達の力」（生後三度目の）が生まれてくるとみられています。

脳やからだの大きな変化

幼児期後期には体型がすらっとして歯が生え替わりはじめるほか、肺活量がぐんと増えて風船をふくらませたり、長い距離を走ったりできるようにもなります。中枢神経系や成長ホルモンの成熟によって視覚、聴覚、嗅覚面での感受性が高まり、心身の機能のしなやかさなどがもたらされると考えられています。

五歳児が熱中する運動遊びには、なわとび、鉄棒、自転車、竹馬、とび箱、遊泳などがあり、これらに共通するのは、足が地面から離れたところでからだをコントロールすることと、二つ以上の動きを組みあわせ、一連の動きのなかにリズムやアクセントを入れて「力をこめる（抜く）コツ」をつかむことなどです。生理的な基盤の成熟によって新たな身体制御ができるようになるというだけでなく、目標をもって、なかまといっしょに、時間をかけてできていく活動であることに注目したいと思います。〝うまくできない〟ときに、どうしてできないのか、どうやればできるようになるのかについて友だちのやり方を見ながら考え、必要なときには積極的に教えてもらい、教訓を引きだしつつ目標を高め、粘り強い挑戦ができていくところに値打ちがあると思います。

「間」の世界をとらえる……発達的な三次元の形成

身体活動の面で、また、製作などでも、「～シナガラ～スル」という活動スタイルをもとに一所懸命に調整し、さまざまな工夫をしながら変化を楽しんでいく五歳児たちは、目標と結果との「間」にある過程をとらえて力強く表現しはじめます。お泊り保育で歩いた長い山道や、海を渡っていったおばあちゃんの家までの経路を「～してな、それから、電車でズーッと行って、そこから船にのってまたズーッと行ったら～」となんども息つぎしながら話し、絵でも途中の目印を入れて表現するようになります。「～のときは～」「～だから～」などと、問いと答えの「間」を多様にきざみながら、「えっと…」「あのね、あのね…」と、文と文の間をつなぐ努力をします。話したり描いたりしている途中で、「あ、そうや、ここで～した」と思いだした場面を挿入するなど、「間」の世界を豊かにしていきます。学童期なかばにかけて獲得していく書きことばの土台となる「文脈形成」の力です。

「今」が、「前（過去）」と「こんど（未来）」の真ん中に位置づき、好き―きらい、いい―悪い、といった価値に関わる見方にも「間」ができてきて、「ちょっとだけ」「ふつうくらい」「どっちでもない」と表現する世界が広がってきます。ものを見たり、感じたりするしかたが、生理的な基盤の成熟とも関わって細やかに変化してきます。描画で、地面となる「基線」と「空」の間に「人」を描き、色を混ぜあわせて中間色をつくって楽しむようになるのもこのころです。

これまで「おはしを持つほうが右」などと教えられて自分のからだにくっついていた「右」や「左」も、五歳後半には、自分を基軸として「真ん中」がとらえられるようになることで、「相手の左右がわかる」という自由度をもつようになります。こうした理解は、教えこまれてできるようになるというよりは、向かいあったり横に並んだりして教えてあげる、相手の立場に立つ、といった経験をもとに育まれてくると考えられます。

「チガウけどオナジ」世界の発見

「ま、のつくどうぶつ、なーんだ？」―「クマ！」―「ぶぶー！　ウマでした〜」…ガクッ。五歳児は「マのつくことば」、クマもウマも「どうぶつ」というように、チガウもののなかから共通性を取りだしてことばの「なかまづくり」ができてきます。水筒やカバンの絵柄は違っていても「おんなじシュルイや」「シリーズ」などと気づいて友だちと喜んだりもします。「ほんとは…」ということばもよく聞かれるようになりますが、「ほんと（真実）は○○」だけど、「現実的には△△でもよい」というように、チガウことのなかにオナジ値打ちを取りだして置き換える力の表れと考えられます。年少の子がルールを守れないとき、「ほんとは○○だけど……△△でいいことにしよ」と譲歩する姿もみられるでしょう。

このころ、外国人の親をもつ子や障がいのある子がほかの友だちとチガウところを発見しつつ、「オナジ○組」「□ちゃんもイッショに～したいって」「だんだん～になってきたね」などと、自分との共通性を大事にして関係を結べるようにもなってきます。「人権」を理解していく土台となる力として大事に育てていきたいと思います。

かけがえのないジブンづくりとなかまへの信頼

フランスの発達心理学者、H・ワロンは五、六歳ごろの子どもが「自分にない新しい価値がどうしても欲しくなって、他人からぬすみとってそれを手に入れたいと望むようになり」「他者を模倣して、自分がその人のようになるよう努力することが問題になる」と述べました。だからこそ五歳児は、〝だんだんできるようになる〟手応えが得られ、目標を高めていける活動に取りくむなかで、次には、「間」にことばを入れて説明したり、「☆ちゃんを見てごらん」と、モデルになるものを取りいれたりする「教える主人公」になっていきます。こうした教えあいや認めあいを通じて、友だちや自分の変化を認識し、「○のところもあるけど△のところもある」と、多面的に友だちや自分をとらえるようになってきます。

クラスでみんなに、グループでお互いに、年少クラスに出向いて、など、複数の集団関係のなかで教えたり教えられたりする経験のなかで、〝できる〟自分のうれしさが「相手もできるようになる」二重のうれしさとして積み重ねられていくことでしょう。あるところでできるようになったことを、こんどはそれを教える側に替わってみる、異なる場面でやり方を変えてみる—そういう「かえ方」の自由度を高めていくなかで、「誰ともかえることのできないジブン」の値打ちを実感し、多面的なジブンに気づいていくのではないでしょうか。誰しもできることとできないことがある、できないことは教えてもらったり助けあったりすればいいんだ、という実感をもって自分となかまに対する信頼性を培っていくことができはじめる時期であると考えられます。

「困る」姿をどうみる？・「第三の世界」でホンモノとの出あいを

遊びや自分たちの生活をつくりかえていく力をそなえはじめる発達の主人公たちは、「第三の世界」に繰りだしてホンモノの自然や文化的な素材、いつもは出あわない人（専門家など）と出あう〝新鮮な〟体験を求めています。カッパややまんばから手紙が来た、地図が届いた、さあ、探険に行こう！　というようなホンキのごっこ遊びのなかでは、ふだんけんかしがちな子ども同士も力をあわせ、役割を分担して集団を導くような力を発揮します。

〝とても一人じゃやりきれない〟と思うほどの仕事をまかせられたり、〝一人二人じゃ楽しくない〟ルールのある遊びを楽しんだりするなかで、自分たちで考えて役割を分担するような協同性や創造性を発揮します。体験していないことをあたかもしたことのように語る「ウソ」や、おとなからみて「困る」姿、「荒れ」は、こうした〝新鮮な〟体験が不足している場合にみられがちです。

手洗いをさぼるようになった五歳児のクラスに「バイキン博士」がやってきました。目には見えないバイキンが繁殖していくリアルな映像を見せてもらうと……こぞってていねいに手洗いをするようになり、「ちゃんと手を洗わないと、バイキンがいっぱい増えてからだの中に入って…」と家の人にも説明してくれました。「見えないけれどもホントはある」ことを教えてくれる科学の世界との出あいが日常生活を見なおすきっかけにもなっていきます。自分たちとは異なるルールをもつ集団や、いつもの生活では目にすることができない世界、いつもの先生とは違うセンセイ、といった「第三の世界」との出あい、「あたりまえ」だと思っていたことが「ホントはそうではない！　もっとすごい世界があるんだ！」と気づけるような〝新鮮な〟体験を五歳児は求めています。

すじみちをつくって話そうとする子どもたちは、友だちの言ったことを、「ちがう。だって、～」「そうや。でも、～」と受け、テーマを保持して意見を出しあうことができてきます。「～だったら、いいよ」「～したらいいんじゃない？」などと、対立する意見の

「間」をむすぶ「第三の道」を模索する力もめばえてきます。生活のなかで誰かが感じた〝おかしい〟〝困る〟ことをみんなの問題として考えあう機会を大事にしたいと思います。

「同じ」ことに対しても、自分と友だちとでは感じ方や考え方が〝違う〟ことに気づいたり、はじめは〝違う〟と思ったことが話しあいのなかで〝同じところもある〟と気づいたりする経験をとおして、一歩深い「同じ」に迫っていく力が育っていくのではないでしょうか。

「第三の世界」やルールを媒介とした生活・遊びにおける親密ななかま関係をくぐって、友だちもジブンも多面的、多価的であることがわかり、一歩深いところでわかりあい通じあえる発達の主人公になりゆくのだと思います。

引用・参考文献
岩崎絵美子「仲間の中で輝いたSくん」
『季刊 保育問題研究』230号　109ページ~113ページ　新読書社　2008年
服部敬子「五~六歳の発達の姿」
白石正久・白石恵理子編『教育と保育のための発達診断』全障研出版部　2009年

4歳児…………

からだをいっぱい使って遊びが発展!

福島・さくら保育園
小熊千恵

さくら保育園は、福島駅から車で一五分ほどのところにあります。畑や田んぼに囲まれた土地にあり、季節ごとに虫や生きもの、植物などを目にすることができる、とても自然豊かなところで、春夏秋冬、探険を楽しんでいます。

友だちの気持ちもわかるけど…

四歳児クラスひまわり二組は、男児一〇名、女児五名のクラスです。男児が多いこともあるせいか、からだを動かすことが大好きで、友だち同士でのからだの触れあい（戦いごっこ）を楽しんでいました。

春はまわりの環境が変わるうえ、四歳児になると五歳児クラスひまわり一組との混合クラスになり、集団が大きくなります。そのためか、子どもたちの生活も落ち着かない日々が続きました。

それでも、毎日の遊びや生活をとおして大きな集団にも慣れていきましたが、些細《ささい》なけんかで「もういい！」と捨てゼリフを残し部屋を出て行ったり、自分のロッカーに入りこむなど、友だちとの関わり方に、それまでとは違う姿が見られるようになってきました。自分の思いをぶつけあい、友だちの言い分もわかって、だからどうしたらいいかまでわかっているのになかなか素直になりきれない、そんな姿でした。

特に、AくんとMくんは、一日のうちになんどもぶつかりあっていました。子ども同士でどう解決していくかを見まもりつつ、「友だちっていいな」という思いをもてるように保育者が仲立ちとなり、話をさせるようにしていきました。

一方、けんかをちょこちょこしながらも、夏のプールでは「Aくんみたいにもぐりたい」となんども水に顔をつけてみるMくんに、「息、いっぱい吸うんだぞ」と、Aくんが教えたりしていました。そんな二人の姿を見て、互いに気になる存在だからこそけんかもするし、寄りそう部分もあるのだなと思いました。

Aくんと Mくんだけに限らず、クラスの子どもたちは友だちとぶつかりあいをたくさんするなかで、自己主張するだけでなく、友だちに対する思いやりを少しずつもてるようになっていきました。

楽しい気持ちを表現するには?

冬、雪が積もれば園庭に出てそりすべりや雪合戦を楽しみました。運動会やクリスマスの劇の発表会などいろいろな行事を経て、友だちとの関係やクラス集団が深まってきていたからか、おとなにそりを押してもらうだけではなく、友だち同士でそりを押したり引っぱったりする姿が多く見られました。

その楽しい思いを描画活動にできないかと考えて、職員間で話をしました。私は、雪遊びをして楽しかったことをサインペンで描いて、その上に折り紙か和紙をちぎって雪にみたてて降らせたら楽しい活動になるかな、と思いました。ちぎることにこだわったのは、弁当包みができない、はしをうまく使えないなど、子どもたちの手指の力が弱くなってきているのでは、と職員の間で話題にのぼることが多かったからです。

私がこの案を話すと、四歳児にとってちぎることは結構むずかしいことや、画用紙の上という狭いところだけで折り紙や和紙をちぎる活動よりも、もっとからだを使って新聞紙をちぎって遊んでみてはどうか、というアドバイスを受けました。新聞紙と聞いて、「乳児期に破いたりしてよく遊ぶ新聞紙で四歳児が?」と、ちょっとびっくりしましたが、目の前の子どもたちがどんなふうに遊ぶのだろうと思うとワクワクしました。

そして、手指を使ってちぎること、友だち同士楽しくからだ全部を使って遊ぶことをねらいに、さっそく新聞紙で遊んでみることにしました。

大量の新聞紙で遊びが次々と広がって

「どうせだったら大量の新聞紙を！」と思い、子どもたちの前で

「こ――――んなに新聞紙を持ってきてみたんだ」と小出しに重ねていくと、「うわぁぁぁぁ」と子どもたちの声が響きました。

私は、「野球好きの〇〇くんだったらボール作るかな」「〇〇ちゃんは細長くちぎって遊びそう」などと考えていましたが、まずは子どもたちがどんなふうに遊ぶか見てみることにしました。

友だちと新聞の端と端を持って引っぱりっこしてドシーンと尻もちをつく子、頭から勢いよくかぶって洋服のようにして遊ぶ子、とさまざまです。

私が新聞紙を細長く破いていると、それを見ていたKくんも何本もちぎり、ズボンの中に端を入れて「タコ〜」とタコ泳ぎ（?）を見せてくれます。さすが魚好きのKくんです。

タコがいることに気づいたSちゃん。新聞紙を棒のように丸めて釣りざおにしてやってきました。Kくんはその釣りざおにつかまって「つられた〜」とうれしそう。

徐々に細かくなってきた新聞紙を友だちと山にして「三・二・一！」で噴火させたり、友だちの上にかけて落ち葉の布団にしたり、プールの水にみたててクロール（?）をしたり、次々に遊びが展開していきます。

山が噴火してヒラヒラと落ちてくるようすを見たMちゃんが「雪みたい」とポツリ。私も、「本当だ、雪みたい。雪合戦できそうだね」と言うと、それを聞きつけた子どもたち

が雪玉を作りはじめました。外での雪合戦は子ども対おとなになりがちでしたが、このときは、新聞で簡単に雪玉を作れたことや友だちと十分に遊んでいたためか、子ども同士で雪玉を投げあっていました。

「ねぇ、チクタクでチームつくろう」とAくん。一五名全員がすぐさま並び、チクタクで二チームになりました。何か境界線になるものを、ということで、「園内にある箱積み木で壁を作ってみたら」と提案すると、「おぉ、いいねー!!」とRくん。「よっしゃ〜、積み木持ってくるぞ〜!」というRくんの声に、ぼくも私もと次々と運んで、あっという間に壁ができあがりました。壁にかくれて投げる子と壁から離れて投げる子、投げる友だちに雪玉を作って渡す子など、何やら自然と役割ができているよう。

冒頭にも書いたMくん。雪合戦をして遊んでいる最中に、丸めた雪玉を「これはオレが丸めたんだ」とKくんとの言いあいが始まり、ぶつかりあいが起きてしまいました。

それぞれに話を聞くと、Mくんの勘違いだったことがわかりました。これまでのMくんなら、勘違いだったとわかっても、納得したくなくてすねたり、部屋を出て行ったりしていました。しかしこのときは、ほんの少しの間ブスッとして離れたところから見ていて、その後スッと遊びのなかに入ってきたのです。Mくんの成長を感じたひとコマでした。

汗だくになって「おもしろかったねー」

決して広いとは言えない部屋の中で、本当にいろいろな遊びが広がっていきました。

遊んでいくうちに、新聞紙がちいさくちぎられていきました。Hくんが「お風呂だ」と言ったことをきっかけに、それまで壁だった箱積み木を崩してお風呂のように四角く並べはじめたTくん。それに気づいたYちゃんやSちゃんも、いっしょに積み木を並べていました。

誰も壁を崩していくことを止めたりせず、それがおもしろいと思って手伝っているようでした。「ここは水が流れていくところ」と積み木と積み木の間に隙間をつくっていたり、お風呂から上がって座りこんで涼んでいる子もいました。

最後には「この雪で雪だるま作ろうか」と大きいビニール袋を見せ、「積み木も片づけなくちゃね」と言おうとしたとき、すでに箱積み木はブルドーザーや除雪車に早変わりしていたのでした。

箱積み木を押して進むとうまく集まることに気づいたようで、友だちと箱積み木をつなげて並べて横長のブルドーザーにして、いっしょに集めている子どもたちもいました。

そして、あっという間に二つの袋がいっぱいになり、雪だるまが完成！　汗だくになって遊んだ子どもたちが、「おもしろかったねー」と友だちと言いあう姿を見て、からだを動かして十分に遊べたことで満足したのだなと感じました。

友だちを思う気持ちが大きくなって

今回、からだ全体を使った新聞紙遊びをとおして、新聞紙がさまざまなものに変化して遊びが展開されていったことに、改めて子どもたちの発想の豊かさや柔軟性を感じました。

また、「新聞紙遊びは乳児期の遊び」と思っていたところがありましたが、遊びに決められた時期があるわけでもないし、なんといっても子どもの表情から、新聞紙遊びが子どもにとって楽しい遊びであることを感じることができました。

さらに、子どもたち同士で話しあいながら、アイディアを出して自分の思いを言いあったり、同調したりしながら遊びを発展させていく姿を見て、やっぱり毎日の生活をともに過ごし、受けいれてもらっている友だちと遊んだからこそ、こうした姿を出せるのではないかと思いました。

この遊びのあと、そのときの新聞を使って、張子の卵づくりをしました。こんどは手指に集中して、和紙をちぎることも取りいれていきました。ここでも友だちに、「このぐらいにちぎるといいぞ」「(自分の分は貼り終わったから)やってやろうか?」と声をかけたり教えたりしていました。子どもたちのなかで、自分だけではなく相手を思う気持ちがぐっと大きくなっているなと感じました。

これからも、からだも心も弾むような活動をたくさんしていきたいと思います。そして、子ども自身が考えていることを友だちのなかで出しながら、お互いに認めあったり、言いあったりできるような日々の保育を考えていきたいと思います。

壁を作って雪合戦!!

落ち葉の布団でおやすみなさい

5歳児…………

どの子も安心して自分を出せる場を

岩手・わかば保育園
帷子ルリ子

わかば保育園は、岩手山や姫神山が望める盛岡市内の北部住宅地にあり、四季折々の自然に触れながら散歩を楽しむことができる地域のなかにあります。共同保育所を経て一九八一年四月に社会福祉法人として九〇名定員で開園し、産休明け、延長保育、障がい児保育を実施してきました。現在は休日保育も行っており、同じ敷地内に学童保育クラブがあります。

二歳から四歳までの子どもたちの姿

二〇〇八年度五歳児たいよう組は、子ども一八名（進級児一七名、新入園児一名）、担任二名でスタートしました。そのうちADHDの子が一名、気になる子が複数いました。

このクラスが二、三歳児のときは、ちょっとしたことをきっかけに泣く、ごねるなど、ずっと立ち直れずに保育者に受けとめてもらいたい子がいたり、手が出る、足が出る、かみつく、ひっかくなどのトラブルが一日中続き、保育者は個々の対応に追われ、クラスの活動が進まない日もありました。

四歳児に進級したとき、新しく副主任保育士と中堅保育士の二名が担任になりました。相変わらず自己主張が強く、ぶつかりあう子どもたちでしたが、唯一絵本の読み聞かせの時間は全員がまとまり共感できる時間でした。そこで、子どもたちが楽しい時間をもてるように題材選びを工夫しました。そのような毎日を重ねるなかで、少しずつ自分の気持ちをことばで整理できたり、相手の気持ちもわかるようになっていくと同時にトラブルも減り、大きい組へのあこがれをもち、張りきって生活するようになっていきました。

トラブル続きのスタート

保育園での年長児の役割は園のリーダーとして、朝の掃除やウサギの世話があります。日々の活動にみんなで取りくもうとすると、Aくん（四月生まれ）が原因のトラブルが起きるというクラスのスタートでした。

Ａくんは、ちいさいころから偏食があり、アトピーのためかゆくてイライラしたり、からだもしっかりしていないことが気になっていました。また、Ａくんは朝の集まりで隣にいた子と触れただけで怒ったりたたいたり、ほかの子の表情や発言、態度が気にくわないと罵声をあびせたり、たたいたり蹴ったりするので、保育者が傍らにつき、ほかの子との間隔をとったりしていました。当番活動も自分が全部仕切ってやりたがり、ほかの子どもたちからも不満が出るようになりました。

そして、クラスの友だちに激しくぶつかっていくなど、しだいに暴力的な行動が目立つようになっていきました。このころ、家庭内での父母の関係が不安定になっていたようでした。Ａくんはひとたび荒れるとおさまらなくなり、保育者が全身で抱きかかえてほかの子から引き離し、事務室などに連れていき、場所を変えることで落ち着かせる日が続きました。

Ａくんの気持ちを受けとめて

イライラして暴れ、クラスのなかまから離されて事務室に行くことが続いていたＡくん。落ち着かせながら保育者がいろいろと話を聞くなかで、少しずつ本音を話すようになっていきました。

そのなかでＡくんは、ちいさいころからずっと同じクラスで大のなかよしだったＨくんに対し、心に引っかかっていることを話してくれたのです。「あいつはいつもそばっかり言っている」「見ていないところで悪いことばっかりやっている」。私たち保育者は、Ａ

くんの訴えを真剣に受けとめ、子どもたちの遊びや行動、なかま関係を、よりていねいに見るようにしました。

泥だんご名人をきっかけに

サッカーや鬼ごっこなどの遊びが大好きなAくんでしたが、「自分ルール」をとおさないと激しく怒り、朝から険悪な状況でした。いったん怒りだすと一日中怒りを爆発させつづけました。このままでは子どもたちや保育者のなかで、Aくんに対するマイナスイメージが大きくなり「またAが…」という目で見てしまいがちになるのではないか、なんとかAくんのいい面を見つけようと保育者で話しあいました。そのなかで、Aくんは「泥だんごづくり」なら夢中になれるということがわかりました。

そこで、Aくんが「泥だんご名人」になるように、ほかの子に気づかれないよう、主任保育士がつきっきりで教えました。子どもたちには「泥だんごづくりはAくんに聞こう！」とAくんが認められるような働きかけをしました。すると、だんだん、泥だんごの土のある場所や種類、磨くタイミングなどを友だちにうれしそうに話すAくんの姿が見られるようになりました。

このころから、Aくんの照れながらもの笑顔がたくさん見られるようになり、年長児らしい頼りになる存在になっていきました。七月のクラスキャンプでは、友だちといっしょに過ごせることの喜びをいっぱい感じて、大自然のなかの山歩きや虫取りなど、子どもらしい笑顔を見せてくれました。

運動会の練習で荒れるAくん

運動会に向けて、運動会の種目をみんなで話しあい、逆上がりやリレーなどのほかに虎舞を踊ることになりました。みんなで虎をダンボールで作り、動きも話しあって虎舞を作っていきました。運動会の取りくみが本格化すると、Aくんはまた以前のように激しく荒れ、練習中にあたりかまわず砂を撒き散らす、石を投げつける、たたく、蹴るなどし、練習の場から離すことが多くなり、ほとんど練習に参加できませんでした。

そして運動会前日、Aくんを入れて仕上げの練習をしようとするとまたトラブルです。その後、Aくんも入れて話しあいをしました。するとAくんは、「あしたはやる」「おれが一番前でやる」「Mはおそいからやらなくていい」といっしょに踊ることになっているMちゃんに向かって激しく攻撃するのです。Aくんのトラブルがありながらも、がんばって練習していたMちゃんは泣きじゃくるばかりでした。保育者もMちゃんの気持ちとAくんの先の見えない主張に心の砕ける思いでした。とにかく「たいよう組みんなでやりたい」という思いをAくんに伝え、当日を迎えることになりました。

みんなで卒園式できてよかった

運動会当日、Aくんは両親が見に来ているということで朝から張りきっていました。保育者も朝の集会ではAくんの好きな紙芝居を読み、ぬいぐるみで虎舞の動きを見せるなど工夫して盛りあげました。「直前、いや最中でもだめになるかもしれない」という思いを抱きながらの本番。なにしろ一、二回しか練習していないのです。でも、Aくんはなんとか最後までみんなと虎舞を踊ることができたのです。

そのころ、Aくんの家庭では、両親の離婚が本格化していることがわかりました。保育者は運動会の取りくみに気をとられ、「自分は今大変なんだよ、自分にも目を向けてよ！」というAくんの心の叫びを受けとめる余裕のなさが、Aくんをますます追いこんでいたのだと反省しました。

二月の生活発表会もみんなで話しあって『黄金のかもしか』（インド民話　斎藤博之絵　斎藤公子編　青木書店）の劇づくりに取りくみました。いろいろな役を交代しながら場面をつくったり、役を決めていきました。Aくんは、話しあいや練習のときには部分的にしか参加しないのに、「おれは王様をやる」と譲りません。思いどおりにならず大暴れすることもありました。何日もかけて「Aくん、王様の役上手だけど、家来の役もできると思う」というFちゃんの説得で、家来と金貨を岩にする役を張りきってやりました。

一か月後の卒園式では、一部のセレモニーを終え、二部は太鼓、竹馬、荒馬の発表でした。Aくんは自分の目標を竹馬に決め、竹馬を発表すると満足そうでした。卒園式でも部分的な参加でしたが、Aくんなりのがんばりをほかの子たちも認めていました。

トラブル続きの五歳児でしたが、「みんなで卒園式できてよかった」と子どもたちから声が上がりました。

専門機関と連携しながら

Aくんのお母さんとは懇談会などで話してきました。お母さんは、Aくんの偏食がひどかったり、思いどおりにならないとたたいたり大暴れするのは育て方のせいだと思っていたようです。

そこで、保育園でのようすを伝え、保育者といっしょに専門の小児科を受診しました。一二月から薬での治療が始まりましたが、家庭にいるときより集団生活のほうが症状が激しく出ていることから、保育園でのようすを細かく記録して医師の治療の手がかりにしてもらいました。保育園では巡回指導の先生の指導で保育方針を立て、保育を進めていきました。

五歳児クラスの担任として

最近、Aくんのように暴れたり、多動の子がめずらしくなくなってきています。五歳児クラスを担任すると、「クラスの活動をみんなでつくりあげよう」と保育に力が入ってしまいがちです。しかし、その子がなかまのなかで安心して自分を出せることが大切なのだと思いました。

保育者やなかまとつながり、お気にいりの場所、絵本などで保育の場を整えたり、人との信頼関係を築くための保育が何よりも必要だということを学んだ一年間でした。

岩手山に向かってヤッホ〜ッ！

5歳児…………

楽しい遊びのなかで友だちの思いを受けいれて

大阪・おおぞら保育園
土岐あゆみ

おおぞら保育園は、ＪＲ堺市駅から五分という交通の便のよいところにあります。保育園の前には広場があり、少し足をのばすといろんな公園があるので、年齢ごとにそれぞれの公園への散歩を楽しんでいます。また、食育も大切にしようと給食室とともに乳児クラスから食材に触れたり、野菜の栽培をしたり、クッキングなどにも取りくんでいます。

自信のない子どもたち

二〇〇八年度の五歳児クラスぞう組は、二〇名（男児九名、女児一一名）。私は、四月からこのクラスを担任することになりました。子どもたちは、進級して年長になった喜びからいろんなことに意欲的でした。

しかし、一か月も経つと、子どもたちの間で対等ではない力関係が見えはじめました。個々の「自分の思うようにしたい」「友だちよりもジブン‼」という気持ちが強く、友だちよりもおとなを求めてきました。勝ち負けのある集団遊びは、トラブルばかりで楽しい遊びにはなりませんでした。

なかでも、としくんは自分の思いどおりにならないと友だちや保育者にも当たり散らしていました。自分が悪くても人のせいにしてしまうのです。その一方で、ちいさい子にはやさしく接する面もありました。としくんの行動の裏側には、「自分は自分でよい」と思えない自己肯定感の低さや、もっと自分を認めてほしいというさみしさとの葛藤があるのではないかと思いました。また、としくんだけではなく、ほかの子を見ても、満たされていないのでおとなに甘えるのだろうと思われる姿が目立ちました。

そこで私は、子どもが自分に自信をもてるように、友だちのなかで認められる機会をたくさんつくろうと思いました。そしてそこから「相手のことを受けとめたり、耳をかたむけることができる」「自分たちで遊びや生活をつくっていける」子どもたちになってほしいという願いをもって、保育をスタートしました。

からだをたっぷり動かして

「しなやかなからだがしっかりできることで、心も落ち着く。友だちにも目が向いてくる」という園の保育のねらいにもあるように、からだをたっぷり動かすことを大切にしようと思いました。

春は、マラソンをしながらの散歩や室内でのマット運動、夏にはプールを楽しみました。そのなかで、友だちの姿にも目を向けてほしい、友だちに認めてもらったり、共感しあうことで自信をつけていってほしいと思ったので、ただ個々が楽しむのでなく、見せあいっこをたくさんしました。課題に向かって取りくんでいるときは「苦手だけどがんばっているね」「きょうは、ここまでできるようになったね」というその子の気持ちの葛藤やスモールステップを認めていくことを大切にしました。

また、桜の散るようす・雨ふり・クッキング・遠足で行った水族館・育てた野菜の生長など、実際に見たことや体験したことを簡単な身ぶり表現へとつなげて楽しみました。この身ぶり表現は、それぞれが違っても認めあえるよさがあり、としくんも友だちのまねをしたり、違う表現を考えたりしていました。

みんなが竹馬を楽しむには?

毎年、ぞう組は運動会で竹馬に取りくんでいました。その姿にあこがれて、「運動会で竹馬したい!」という子どもたち。最初は女の子が中心となり、マメを作りながらも乗ろうとしていました。無理やりさせても苦手意識が増すだけだと思い、できるようになった子の姿を知らせながらほかの子を巻きこんでいきました。

でも、苦手意識のある子は友だちがいくら楽しそうにしていても、まったくのってきません。五月中旬過ぎ、乗りこなしていく子は、どんどん高さが上がっていく一方、まったく手をつけない子もいました。運動会まではまだまだ先だし、長い目で見ていこうと私は楽観的に考えていました。

そんなとき、ほかの職員から「竹馬に乗れている子と乗れていない子との差がでてきている。みんなで竹馬の集団遊びをしようと思っても楽しめないよ。竹馬の遊びはどんなステップアップをしていくの？　この時期にここまで、というように子どもがわかる近い目標をしっかりもったほうがいいよ」とアドバイスをもらいました。

六月初めに保育参観があるので、まずはそこで全員が乗れるようにと目標を決めました。当日はそれぞれ自分の目標を達成することができました。これを機に、みんなが竹馬を好きになるだろうと思いましたが、それは甘い考えでした。全体としては竹馬が大好きになり自ら楽しむ子が増えたのですが、気持ちがのっている子たちだけがやるという状況になってしまいました。

「全員が乗れたら、次はどうするの？　次の目標をつくらないと」と意見をもらい、竹馬サッカーやヨーヨー割りなどをしてみましたが、短時間しか乗れない子にとっては、「できない」で終わってしまいました。

友だち同士で教えあう姿もありましたが、本人のやる気がついてきません。長く乗るような遊びをつくろうと思い、竹馬散歩へと出かけました。園の前の広場の土はやわらかかったので、子どもたちも乗りやすそうでした。

竹馬が楽しくなったきっかけ

そんなある日のことです。木が生い茂っている場所をおばけ屋敷にみたてて、おばけごっこが始まりました。竹馬に乗っている子がおばけになりました。竹馬に乗らず追いかけてくると「ぜんぜんこわくない」と言われるので、みんな一生懸命乗ろうとしはじめました。その顔はとっても楽しそうでした。足は痛いけど、こわいおばけになりたくてがんばっているのです。このおばけごっこがきっかけで、竹馬が苦手だった子も長い間乗れるようになり、近くへ出かけるときは「竹馬で行こうよ」というほど大好きになりました。

乗る楽しみを感じ自信がついてくると、いろんな技への挑戦が始まりました。カニ歩き・後ろ歩き・ジャンプ・山登りなど、自分たちで技を考えることも楽しんでいました。

はじめはまったく竹馬を手に取らなかったとしくんも、友だちや父母に認めてもらうなかで少しずつ自信をつけ、乗りこなすようになっていきました。「完璧にできない…」と思うと、くやしさから投げだしてしまうことが多かったのですが、自分なりにちょっとでもできるようになるたびに、うれしそうに報告に来るようになりました。ライバル心むきだしだった友だちにも、自分から声をかけ竹馬で遊ぶようになりました。

としくんもずいぶん変わってきましたが、秋のころまではまだまだ自分の思いを押しつけてしまう場面が多くあり、まわりも言い返せないという姿がありました。

「としくんってやさしいね」

冬の発表会に向けての劇づくりでのことです。としくんは、お話を理解するのに時間がかかるので劇づくりが苦手でした。お話の筋を深めていくとわからなくなり、ふざけてしまうのです。まわりからも注意され「みんななんかきらいじゃー！」とすねて、その場からいなくなってしまうこともありました。みんなが「いっしょにやろう」と誘っても、「どうせ怒ってるんやろ」と、戻ろうとはしません。こんな自分をまわりはどう受けとめてくれるのか、いっしょにやりたいけれど…という気持ちが見えかくれしていました。

はじめは私がいっしょになって、としくんの気持ちを伝えました。同じようなことをなんどか繰りかえすなかで、としくんはわからないことを「ここがわからない」と自分で弱さを素直に出せるようになっていきました。友だちもとしくんに「ここは、こうやで」と教えたり、「劇が台なしになるからふざけるのはいやや」などと、対等に言えるようになりました。

このように、自分の思いを受けとめてもらえた経験から、としくんも困っている子に気づきその子の気持ちに寄りそってあげたり、何かあったときにも自分の非を認められるようになりました。

春のころは常にキツイ表情をしていたとしくんですが、このころには「としくんてやさしいね」と友だちが言うほど、やさしい表情に変わっていました。

「みんなでもっとおもしろくしたい！」

私にとって悩みながらの一年でした。子どもたちは、自分の思いが否定的な表現であっても、「受けいれてほしい！」という自分の気持ちを友だちのなかで出せるようになっていきました。だからこそ、私も子どもたちにぶつかっていけたのだと思います。

そして、子どもたちが相手の思いに耳をかせるようになったのは、やはりそこに楽しい遊びがあったからです。「みんなでもっとおもしろくしたい！」そんな思いがきっかけとなって、友だちを受けいれる姿に変わっていったのだと思います。

卒園式のうたを初めて歌ったときには、「みんなと離れるのいやや」と半数近くの子が泣きだし、こんなに友だちのことが「好き」と思えるようになっていたんだと感じました。

一年間保育のなかで悩んだけれど、どの子も立派な一年生として卒園を迎えられて本当にうれしかったです。

木のぼり大好き！

ウオッチ
高陽なかよし保育園

どうやったら勝てるかね？
一生懸命走る？
がんばったら勝てる？
速く走る!!

リレーにて
4歳児クラス

ルールや
勝つためには
どうするかなどを
話しあえるように
なります。

でも
内容はまだまだ!!
の作戦

リレーにて
5歳児クラス

アンカーだけじゃなくて1番の人も速い人がいいんじゃい？
なるほど！
内側（インコース）のチームの方がせこい！
行けゾーン（バトンゾーン）つくってほしい！
そうだ！オレらいっぱい（長く）走りよる！
くやしいー!!
そうだー

話しあいとゲームを
重ねるなかで、
客観的、具体的な
作戦やルールを
つくっていきます。

友だちのがんばりも
認められるようになります。

チームみんながやりたい！がんばろう！と
思うためにどういうゲームにしていくかがカギ

ひもで計り、みんなでイン・アウトの
違いを確認して、
スタートラインを
ななめにしました。

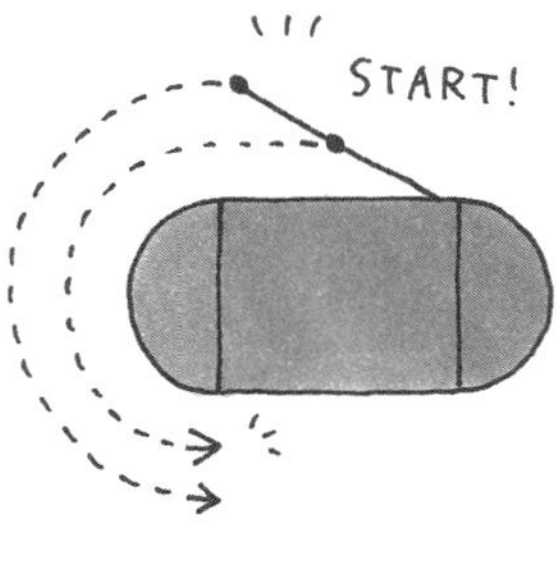
START!

認識の広がりと見えない世界の想像

鳥取大学
寺川志奈子

てらかわ　しなこ
京都大学大学院教育学研究科博士後期課程単位取得。
鳥取大学地域学部地域教育学科発達科学講座教授。
専門は発達心理学。
子どもたちがどのようにしてなかまになっていくかを研究中。
共著に
『教育と保育のための発達診断』（全障研出版部）
『育ちあう乳幼児心理学』（有斐閣）
『小学生の生活とこころの発達』（福村出版）
ほか

「なんで?」「どうして?」ふしぎな世界の発見と理由づけ

四歳児は、「なんで?」「どうして?」と外の世界のしくみや成り立ちに関心をもちはじめます。なかまといっしょに、それまで気づかなかった新しいできごとを発見し、ふしぎだなという思いを共有するなかで、子どもの認識は深まります。

楯身久美子さんの園では、「歩育」を大切にした実践が展開されています[*1]。散歩に出かけると、四歳児たちはいろいろな発見をします。「あっ! 雲が動いてる」なかまの声にみんなが空を見あげ、「ほんとだあ、動いてる」。驚きの気持ちが伝播していきます。「あの雲とあの雲、速さが違うよ」「あっちの雲はもっと速い」新鮮な発見に心が躍ります。次に、高架下のトンネルと通ると、「わーっ、声が響く!」。そして、みんなが「わー、わー」と大きな声を出してみます。「なんで、ここは声が響くんだろう?」なかまがふしぎに思う気持ちをことばにすると、「この中には誰かいるかもしれんで」と別の子どもがコンクリートを指さします。「うん、いるかもしれんな」と、みんながうなずきます。そこで、保育士が「シーッ」と指を口に当てて耳を澄ましてみると、子どもたちもいっしょに耳を澄まします。でも、静まりかえって何も聞こえません。「じゃあ、みんなで、おーいって呼んでみよう」という保育士の提案に、「おーい」「おーい」という子どもたちの声がこだまします。目には見えないけれど、コンクリートの中に住んでいる主に、いっしょに思いを馳せてワクワクドキドキする四歳児たちです。

子どもはその年齢らしい認識の枠組みで外の世界を意味づけ、整理をして、たとえば大空の風に吹き飛ばされる雲のことや、トンネルの中でこだまする声のことを、知識として蓄えていきます。なかまといっしょの体験をとおして得られた知識は、そのときに分かちあった感動や〝あのときのあの雲〟といった空気感などを伴う、豊かなイメージを含みこんだ知識となることでしょう。「なんで？」「どうして？」に対する子どもの理由づけは、おとなの論理からすると幼いものです。けれどもそれは、その時期にしか出あうことのできない、子どもらしい理屈と感性をもった魅力にあふれています。子どもが真剣に考えるプロセスそのものにこそ、値打ちがあるのだと思います。自然のなかでの新しい発見など、心揺さぶられる新鮮な体験によって、子どもの考える力は引きだされていきます。

具体的な事実や経験をもとに、すじみちをつくって考える

五歳児になると、これまでの経験の積み重ねをとおして、ものごとをとらえる自分なりの枠組みをもって外の世界を見ることができるようになります。そして、自分の枠組みとは異なる事実や意見に出あったときに、それを無視して自分の主張を押し通すのではなく、また自分の枠組みを簡単に変更するのでもない、自分で納得のいく調整を図ろうとします。

園外保育でらっきょう畑へ行った五歳児たち。初めてらっきょうの収穫を体験させても

らいます[*2]。確かにらっきょうのにおいが漂っているけれど、ニラみたいな細長い緑の葉っぱが一面に生えている畑を前に、「これがらっきょう?」「どこがらっきょう?」自分たちの知っている酢漬けらっきょうのイメージとは随分異なる事実に出あいます。そして、葉っぱをつかんで力いっぱい引っこ抜き、しりもちをつきながらも、自分の力で抜いたことに大喜び。葉っぱと根っこを切り落としてもらって、ひと皮むくと、「らっきょうだ!」「ほんとだ」あのおなじみのらっきょうの形が姿を現しました。おみやげにいただき、園に持ち帰って酢漬け作りをします。ところが、漬けこみの遅れた分が陽に当たって少し緑がかってきました。「えーっ、この緑のらっきょうも食べられるの?」「それじゃあ、試してみよう」ということで、こっちも漬けこんで白いのと比べてみることになりました。その結果はというと、二週間後、どちらもおいしい酢漬けらっきょうにできあがったそうです。

この一連のプロセスをとおして子どもたちは、らっきょうについて、それまでにもっていた認識の枠組みを変更し、新しい発見を組みこんだ認識の枠組みに作りかえていきます。心揺さぶられる具体的な事実や体験をとおして、らっきょうを多面的に理解することができた子どもたち。そこには小さな科学の目を見ることができます。

見えない世界のストーリーをなかまといっしょに想像する

幼児期後半になると、クラスのみんなでイメージを共有し、本格的なごっこ遊びを楽しむことができるようになります。園の近くの川に住むという「カッパ」の探険に出発、あるいは近くの山で「忍者」修行などなど、それぞれの園で一年間の保育を通じて、クラスのみんなで一つのイメージをとことん共有し、そのイメージを豊かにふくらませ、いろいろな活動に広げていくといった取りくみが行われています。

浦林幸子さんの年長児クラスでは、一年間、「海賊」をテーマに遊びを展開しました[*3]。まず、子どもたちに共通のイメージの土台をつくろうと、いろいろな海賊の絵本の読み聞かせを積み重ねていきます。五歳後半になると、それまでのことばの響きやおもしろさ、個々の場面を楽しんでいた読み方とは違って、文脈やストーリーの理解が進み、主人公に感情移入をしながら、かなり長いお話も聞くことができるようになります。子どもたちは主人公への憧れを抱きながら、少し怖いけれども、行ったことのない場所へ宝探しの探険に出かけてみたい気持ちをふくらませます。こんなふうに、家とも保育園とも違う、いつもとは違う人物、場所、活動といった「第三の世界」に想像を広げ、憧れを抱くことができるのも五歳児ならではの力です。

次に、保育士は子どもたちの心をくすぐるいろいろなしかけを小出しにしていきます。子どもたちがクラスに入ると、天井におとなの足跡とどくろマークが貼ってあったり、またあるときは、壁に海賊旗が掲げてあったり。子どもたちの想像の世界は盛りあがります。「空に海賊船が見えた」「わかった！　海賊船から宝が落ちたんだぞ。それを探しに来てるんだ」と、自分たちでストーリーをつくりだして楽しむことができる年長児です。「宝を探してくれないか」という海賊からの手紙と宝の地図がクラスに届き、子どもたちは「やっぱり、そうだったんだ」『探しに行こう！』と宝探しの探険に出かけることになります。

そして菜の花畑への探険の日、「宝物が爆弾だったらどうする？」「髪の毛がもじゃもじゃになるぞ」「土の中に道があって迷路になっとるかもしれんで」「秘密の暗号があるかもしれん」と、子どもたちのいきいきとした会話が聞こえてきます。これまで絵本の世界や、それをふくらませた楽しい遊びを共有してきた土台があるからこそ、子どもたちのイメージがつながり、響きあって、集団としての遊びがぐっとおもしろいものになります。

なかには「こんなの絵本の話だし本当なわけないし」「海賊なんておらんで」と発言する子もいますが、やっぱりみんなで行く海賊探険は楽しくて、うそっこの世界のおもしろさに入りこんでいきます。むしろ、ありっこない世界だからこそ、自由に、伸びやかに発想ができるおもしろさがあるのでしょう。

その後、海賊をテーマとした遊びは、海賊島、海賊川、海賊温泉をつくるダイナミックな砂遊びや、海賊レストランごっこ、納涼祭の海賊みこしづくり、運動会の海賊サーキットなどなどへ発展。そして卒園を前に、海岸公園に最後の海賊探険に出かけます。「海賊さーん、ありがとう。こんどは一年生になります」と叫びながら、瓶に詰めた海賊への手紙を海に投げ、春にクラスに届いた海賊旗を船型遊具のてっぺんに立てて海賊に返却し、一年間の海賊探険遊びは幕を閉じたのでした。

この取りくみをとおして、子どもたちは「海賊」というクラスの「秘密」を共有することで連帯感を強め、また、いっしょに遊ぶことをとおしてなかまのいろいろな思いが見え、お互いを多面的に理解できるようになります。そして、それぞれがクラスの一員としての自覚をもって自分の役割を果たし、自分たちで工夫しながら力をあわせて活動をつくっていくクラス集団に育っていきました。その育ちを支えたのは、何より、子どもたちの思いやアイディアをていねいに受けとめ、発展させ、そして自分自身がワクワクしながら、年長児たちの自律的な活動を促すような遊びをしかけ、そのおもしろさ、喜びを伝えていった保育士の支援であったことは言うまでもありません。

思考を支えることばの育ちと話しあいによる認識の深まり

子どもたちが見えない世界を想像し共有することができるのは、その背景に、ことばの力の育ちがあるからです。四歳半ごろから、ことばは、コミュニケーションの手段という機能に加えて、思考の手段という新たな機能をもちはじめます。それまで、自分の思いや要求を相手に伝えるコミュニケーションの道具であったことばが、自分自身に向けられはじめ、自分のなかで対話ができるようになります。たとえば、生活発表会の舞台の上から、「おかあさーん」と見つけたうれしさに声をあげて客席に手を振る三歳児とは違って、四歳後半になると、客席からの声援を自分に向けることばにかえて、「はずかしいけれども、おかあさんが応援してくれているからやりきろう」と心のなかで対話をし、がんばる力を発揮できるようになります。

自分に向けることば、言い換えると、「内言」の育ちによって、ものごとをことばで考え、整理することができるようになるので、まわりの状況を受けとめる力は飛躍的に高まります。また、自分の思いもことばで整理することができるようになります。そこで、なかまとの関係においても、相手の話すことばを受けとめて理解したり、自分の思いをことばで語れるようになり、ことばで相手と折りあいをつけられるようになっていきます。

収穫の秋、焼きいも大会をしようとたきぎを拾いに近くの小高い松林へ行った四歳児たち。たっぷり遊んで、園に帰ろうと集まると、保育士のズボンに針のような雑草の種がぎっしりと刺さっていました。「痛いよー」と保育士の助けを求める声に、びっくりした子どもたちはみんなで抜いてあげます。そしてすかさず、「もしかして、ここはチクチク山かもね」という声があがります。「ううん、ここはまつぼっくり山だよ」「そうだ、みんなでこの山の名前を決めようか」ということになりました。保育士を仲立ちとした話しあいの末、「ぼくは焼きいも山がいい」という声に多くの支持が集まり、焼きいも大会へのみんなの期待が込められた「焼きいも山」というユニークな名前に決まりました。このように四歳後半になると、自分の考えを他児に主張したり、相手の考えに思いを向け調整しあうような話しあいができはじめます。

さらに五歳後半になると、相手の立場を考えて意見を調整することも見られるようになります。年長児のふうかちゃんに「もしも三つの願いがかなうとしたら、どんなお願いをする?」とたずねてみました。ふうかちゃんの答えは「テレビがいっぱい見たいのと、ゲームがいっぱいしたいのと、それから、うーんと、ママがふうかちゃんの言うことをなんでも聞くようにしてほしい」ということでした。いつもテレビとゲームはダメというママと、それを聞いているふうかちゃんの立場を逆転してみたいという発想は、自分の視点を相手の視点に移して考えることのできる五歳後半ならではの力です。こうした視点をもてる年長児は、お互いの気持ちを伝えあうていねいな話しあいを積み重ねることによって、それまで気づかなかった相手の思いを理解することができるようになります。たとえば、クラスのドッジボールをいつも乱暴なやり方でかき回してしまう子どもが、本当はみんなのなかに入りたいのに、うまくできない思いから乱暴になってしまっていたという、その子なりの理由があることがわかり、そして、なかまに入れてあげなかった「ぼくたちも悪かった」という気づきにつながっていきます。

ただ、話しあいはトラブルが起きたときだけのものではありません。みんなで松林で遊んだこと、焼きいも大会を期待してたきぎを拾ったことなど、楽しさを共感しあえる体験が土台にあるからこそ、話しあいはみんなが参加したくなる中身のあるものになっていくのでしょう。そして、楽しい体験の共有や話しあいの積み重ねが、一方で、クラスで何か問題が起きた場合に、どうしたらよいか、お互いのことを考えて解決を図ろうと、みんなで話しあうことのできる力につながっていくのだと思います。楽しい活動のときにこそ、話しあいを大切にしたいものです。

子どもらしい認識を自らの思考をくぐって太らせていく

ＷＩＳＣ—Ⅲ（ウィスク・サード）という知能検査のなかに、「太陽はどちらのほうに沈みますか？」という問題があります。鳥取に暮らす年長児たちに問いかけてみると、「海」と答える子どもがいます。知能検査が求める正解は「西」なので、この答えは間違いということになります。けれども「海」という答えは、大きなオレンジ色の太陽が、さらに大きな日本海にぽっと沈むのを見て育っている子どもたちにとって、まさにリアリティのある実感なのです。体験をもとに、自らの思考をくぐって形成された認識です。そしてそれは、同じ体験をもつなかまたちのイメージとつながり、感動を分かちあうことのできる認識でもあります。そんな、子どもらしい認識を大切に太らせていきたいと思います。それが、学童期において新しい事実に出あったときに、自らの思考をくぐらせ、また新たな認識の枠組みへとつくりかえていける力の大事な基礎になっていくのだと考えます。

参考文献
＊1…栯身久美子「歩育を通して子どもを育む」『鳥取県保育リーダー養成研修報告書―第8期生―』
鳥取大学地域学部・鳥取大学教育センター　２０１１年　69ページ～86ページ
＊2…加藤明代「心と身体を育む保育を考える」『鳥取県保育リーダー養成研修報告書―第8期生―』
鳥取大学地域学部・鳥取大学教育センター　２０１１年　24ページ～41ページ
＊3…浦林幸子「5歳児のあそびを通した集団づくり」『鳥取県保育リーダー養成研修報告書―第6期生―』
鳥取大学地域学部・鳥取大学生涯教育総合センター　２００９年　49ページ～75ページ

4歳児…………

砂場での雨水遊びにはそれぞれのドラマが！

秋田・こばと保育園
山崎留美子

四月一六日晴れ。四歳児クラス（男児一三名、女児六名）になって半月。今年度から単数担任になった私にとって、とにかく子どもとのつながりをつかんでいく遊びとして、園庭での砂遊びは、ゆっくり時間をもって接することのできる最高の場所でした。

いざ園庭へ。こばと保育園は園庭のすべてで砂遊びができる環境になっています。この日、園庭に出たのは四歳児クラスのみ。「よし、行こう」の声で園庭へおりました。

暖かな日の光のなかにいるとトラブルが少ないのは、世界が広がるからでしょうか。どの子もまずは「ままごと道具」の入っているかごのもとへと走り、それぞれ必要なスコップやおたま、バケツなどを手に取り、お気に入りのポジションへと向かいます。

Aくんの密やかなたくらみ

前日に降った雨のおかげで、園庭は黒くて湿った砂でいっぱい。ふと、一人の男の子が園庭の隅で何かをしているのに気がつきました。園庭の棚に立てかけておいてあるバケツ型の手押し車のところで、Aくんがみんなには背を向け、黙々と作業をしているようでした。

静かに彼のところへ近寄ってみると、手押し車のバケツ部分にたまった雨水を、おたまを使ってペットボトルへと移しとっているのが見えました。ペットボトルに入れられた雨水は、透明で、日の光に当たるとキラキラと輝いて、とても新鮮。黙ってAくんの隣にしゃがみこんでそのようすを見ていると、Aくんが「あのさ、大声で喜ぶとみんなに気づかれちゃうでしょ？　だからおれ、黙ってやってるんだ」と、語りかけるように話してきました。

Aくんの密やかなたくらみは、まだ三歳児の姿が残るこのクラスでは驚きでした。

雨水を入れるさいに、ときどき、ペットボトルの注ぎ口からこぼれ落ちてしまいます。「あ！」声をちいさくして、大切な雨水が地面の砂に吸いこまれていくのを見つめるAくん。私の気持ちもAくんと重なりました。

心を通わせあった確かな時間

次に向かったのはB子さん、C子さんのところ。こちらの二人も雨水を見つけていましたが、ちいさなカップに一杯程度のもの。二人は惜しげもなく豪快に白砂に雨水を加えていきます。こぼれ落ちた雨水がちょっともったいない気がするのは、さっきのAくんの気持ちが私のなかに残っていたからかもしれません。

二人は、できあがった黒砂で型抜きを始めました。しかし二人は手持ちの黒砂がなくなると、あっさりと別々の遊びに向かってしまったのです。地面は黒砂ざんまい、といわんばかりに黒く湿った砂でいっぱいなのに、なぜ二人は遊びあうことをやめたのか、なんと淡白な二人だ、と正直がっかりした私。

けれどもよく考えると、二人は型抜きを楽しんでいたのではなく、雨水を加えて変化していく黒砂の姿に引きこまれていたのではないか？　私はままごとで遊びあうことがなかよしの姿と思いこんでいたのではないかと反省。二人にとってとても短いあの瞬間こそ、心を通わせあった確かな時間だったのだと思います。

B子さんは園庭の一角にあるあずまや風のログハウスへと走っていき、C子さんは雨水があきらめられなかったのか、「雨水探しの旅に出まーす！」と言ってその場を去っていきました。

チョコレートパーティへどうぞ

私もログハウスへと行ってみました。ログハウスの入り口にD子さんとEくんが並んで立ち、「ただいま、チョコレートパーティをしています！　みんなで食べにきてくださーい！」と呼びかけていました。

ログハウスの木目を呼び鈴にみたて、「ピンポーン！　チョコレートパーティに誘われて来ちゃいましたー！」と言うと、待ってましたとばかりに笑顔で迎えてくれるD子さんとEくん。二人でせっせと作ってためこんでおいた料理の品々がログテーブルの上に並んでいます。

「これはチョコレートドリンクです。あと、ホットケーキのチョコレートがけ！」とD子さん。つづいてEくんが「あと、チョコレートのご飯とチョコレートのみそ汁もあります！」と、元気いっぱいな声でテーブルへとすすめてくれました。チョコレートごはんと言われ、うかつにも想像しすぎてしまいましたが、Eくんにとっては単に好きなものを組みあわせただけのよう。「どうですか？」と言われ、「甘くておいしいご飯ですね」と笑って返しました。

二人のみたてはなかなかおもしろく、「どろ水→チョコレートドリンク」「ペタペタと雨水のしみた黒砂→チョコシロップ」「黒砂→チョコレートご飯」「どろ水と砂が分離→チョコレートのみそ汁」と、黒砂の種類に合わせてみたて、つもりを変えていました。

バケツケーキづくりには技がいる

ログハウスの入り口のところでこちらのようすをうかがっていたFくんに気づき、声をかけました。「食べてみない？　ここのお店、なかなかすごいのよ」。するとEくんがニヤリと笑い、Fくんを見つめます。二人の視線が合い、Fくんの表情がやわらかくくずれていきました。なかまが広がった瞬間です。Fくんもいっしょに何かを作ろうとしたのですが、ログテーブルにはもう品物を置く場所がありません。「ねえ、ケーキ作ろうよ。ケーキは大きいからログハウスの外で作ってくるね」と言って、Fくんはその場をあとにしました。

私はFくんがまた一人になるのかと心配で、彼のあとを追いかけましたが、心配無用。彼の表情はキリリとしていて自信にあふれています。

Fくんのバケツケーキづくり。これがなかなかむずかしいのです。うまくひっくりかえせるようになるまでには、持ちあげる力やタイミング、手首の技などが必要です。しかしバケツを持ちあげるときにはちょっとした緊張感が走り、これが私にとってはたまりません。おそらくFくんも同じ感覚なのでしょう。

バケツが持ちあがったその瞬間に、私は思わず「キャーッ！　やったね」と叫んでしまいました。

あっけなく終わった雨水騒動

と、同時に、向こうから泣き叫ぶ声が響いてきました。Gくんです。GくんがAくんの雨水の秘密を知ってしまったようです。Aくんの手には今なお透明な状態の雨水がありました。この時間帯で透明な雨水はまず手に入らないでしょう。

「おれだってほしい！　ズルイ！」と、砂場の上で地団駄を踏み、寝ころがるGくん。「ぜったい、あげない！」と険しい表情のAくん。長い時間が過ぎていったような感覚になりました。

これに終止符を打ったのがHくん。「おれ、虫とりするからこれやるよ」と、持っていたバケツから雨水をちいさな容器に移すと、何事もなかったかのように、走り去っていきました。なんともあっけなかったので、思わず笑ってしまいました。

落ち着いた空気のなかでAくんがGくんに向かってひとこと。「よかったね」「うん」

砂場でのそれぞれのドラマ。今、まだ四歳にしかならない生命が、心の細胞分裂をより活性化させて、驚くほどのスピードで成長していたと思います。四歳児の砂場での遊びあいは、人とのつながりをこれから広げていこうとする姿でいっぱいでした。

イラスト・筆者

4歳児…………

「鬼になりたい！」だるまさんがころんだ

宮城・西多賀チェリー保育園
阿部和海

西多賀チェリー保育園は、仙台市の南部に位置し、開園して九年目を迎えた私立保育園です。園から一五分ほど歩くと、三神峯公園という広い野原や森林の多い公園があり、お花見、どんぐり拾い、探険など、よく遊びに出かけています。

四歳児クラスはらぺこあおむし組は、男児一三名、女児一二名の計二五名（うち障がい児三名）。保育士二名（保育暦七年、三年）で担当しました。

四月は、相手に気持ちをうまく伝えられずに言い争いになったり、両足や片足でうまくジャンプができないなどの運動面で気になる子がいました。また、女の子はまとまって遊ぶなど活発に見えたものの、男の子は手が出やすく落ち着かない子がいたり、二、三人でままごとをして静かに遊んでいるようすも見られました。

そのような姿をふまえ、遊びをとおして表現やからだの発達が豊かに成長してほしいと思いました。しかし、子どもたちがどんな遊びなら夢中になり、友だちと遊ぶことを喜べるのか、その手立てが見つけられずにいました。

「だるまさんがころんだ」みんなで楽しく遊べる？

一〇月、子どもたちが「だるまさんがころんだ」で遊びはじめるようになりました。五歳児の楽しく遊ぶようすにつられて、子どもたちもまねをしながら遊ぶようになったのです。「はじめの一歩」に気合いを入れながら楽しく遊んでいました。

そんな姿を見て、私も子どものころに遊んだことを思いだし、「だるまさんがころんだは、みんなで楽しく遊べる遊びだろうか？」と考えるようになりました。そして、改めて自由遊びで「だるまさんがころんだしよう！」ともちかけ、四、五人の子どもたちと遊びはじめました。

ルールを子どもたちと話しあう

子どもたちと遊んでいくうちに、今一つ遊びが盛りあがっていないように感じました。

それは、一回の「だるまさんが…」と言っているときに、鬼にタッチして切ってしまう子どもがいたり、うまく鬼の歩数が決められずに中断してあいまいになったり、大体いつも同じ子が鬼になってしまうことに気づきました。特に、一番引っかかっていたのは、誰が鬼をするかによって、つかまえ方に差があることでした。

そこで、仙台の保育問題研究会の例会で、この遊びについて検討してみることにしました。研究会では、この遊びの特徴は、「鬼が動いたかどうかを判断する遊び」「つかまっても役目があっておもしろい」「足が遅くても関係なくつかまえられる」などの意見がでました。そして、「自由遊びだけでなく、クラス全体でやってみてはどうか」「ルールがはっきりわかっていないのではないか」などのアドバイスも受けました。

こうした意見をふまえ、ルールを子どもたちと整理してから、クラス全体で遊んでみることにしました。

まずは、子どもたちとルールについて話しあいをし、次のことを決めました。

・鬼が後ろを向いて「だるまさんが…」と言いだしたら動きはじめて、「…ころんだ」で止まる。鬼は「…ころんだ」で振り向いたとき、動いていた子どもの名前を言って鬼のところに来てもらい、手をつないでつかまえる。
・助けるときは、鬼と一番始めに手をつないでいる子どもの手を「切った！」と大きな声で言いきる。
・切られた鬼は「ストップ」をかけ、逃げた子どもはその場で止まる。
・鬼の歩数は遊ぶ前に決める。

そして、子どもたちにルールを伝えながら、まずは保育士が鬼をやり、その後、子どもたちに鬼をバトンタッチしていきました。そのうち、「だるまさんが…」を唱えている間の移動を慎重にするようになっていき、しだいに遊びが続くようになってきました。

かくれる場所をつくる

こんどは、ホールで遊んでみることにしました。以前遊んでいたところよりも静かになったので、鬼の声がよく聞こえるようにはなったものの広くはないため「だるまさんが…」と一回言っている間にすぐ、鬼のところについてしまうこともありました。

そんななか、ステージの幕にかくれる子がでてきました。それを見て、「あそこにかくれてるけどいいの？」と言う子がいたので、子どもたちに「かくれるのはいいことにする？」と問いかけてみました。鬼はかくれている子を無理に当てることはできないし、かくれながら進むのも楽しいかもしれないと思ったのです。

「つかまらないようにかくれてみたい！」と言う子もいたので、鬼のところまで行く間に、とび箱や積み木などでいくつかのかくれ場所をつくってみることにしました。すると、かくれることを楽しみ、以前より遊びが続くようになりました。

そんななか、かくれ場所をつくったことで主役になったYがいました。Yは、ままごとをしたりなど、どちらかというと静かに遊んでいることが多い男の子で、絵を描けずに泣いてしまうなど、どこか自信がないようにしていることもありました。Yは、自由遊びで「だるまさんがころんだ」で遊んだときもあまり入ってこなくて、クラス全体で遊ぶときも、後ろのほうにいて少しずつ動き、当てられないことを楽しんでいるようでした。

しかし、かくれ場所をつくると、かくれながら近くのかくれ場所を行ったり来たりして移動して遊ぶようになったのです。

そしてある日、とうとう最後に残ったのはYだけになってしまいました。つかまっている子たちが、「Yくん助けてー」とYへ呼びかけはじめます。それまであまり動かずにいたYも、前へ前へとかくれ場所を変えながら近づいてきて、つかまっている子どもたちの声援も期待とともに増していきました。

結局、鬼までもう少しのところにきましたが、Yもつかまってしまいました。それでも、みんなの期待を受けたYの顔は、つかまってしまったけれどとってもうれしそうでした。友だちからも「Yくんすごかったよ」「もう少しだったねー」と言われて、「最後まで残れてよかった」と照れくさそうに言いました。うれしそうで恥ずかしそうなYの顔が印象的でした。

後日、「だるまさんがころんだ」で遊んだとき、かくれ場所はつくりませんでしたが、いつも後ろにいるYではなく、張りきって、積極的に前に出て遊ぶ姿がありました。また、そのことがあってから、ほかの遊びにも参加するYの姿が増えてきました。

どうしたら鬼が楽しめる?

ある日のこと。子どもたちに「先生から鬼やって」と言われたので、初めの鬼をしようとしました。すると、いつもは「切り」に来ることを楽しんでいるMが、泣きだしそうな顔で「鬼をやりたいの」と言ってきたので、Mの鬼でスタートすることにしました。

最初、どうしてMがそんなに鬼をやりたがるのかわかりませんでした。しかし、以前、よく鬼になるIに「ずるいよ!」と話していたのを思いだし、よく鬼をしていたIを見て、鬼の楽しさに気づいてやりたくなったのだと思いました。

ところが、今のルールでは、次の鬼は今の鬼がタッチして決めることになっています。鬼がやりたいMは、なかなか鬼にタッチされず、鬼になれなかったのです。

そこで、どうしたらうまく鬼を楽しめるようになるのかを考えることにしました。

じゃんけんで鬼を決める

年が明けた一月後半、保育者の提案で鬼がタッチするときに、「じゃんけんをして勝たなければ鬼は交換できない」というルールをつくりました。鬼がタッチした子どもが必ず次の鬼になるという、これまで鬼がもっていた絶対の力をなくすようにしたのです。

じゃんけん場面は、ほかの子どもたちも見まもりながら、盛りあがる場面となりました。さすがに鬼が負けつづけてしまうとかわいそうなので、三回連続で負けたらみんなで鬼を決めることにしました。

すると、鬼になると、切られるのが嫌で理不尽につかまえていた子が、動いた子どもをしっかり見てつかまえるようになったり、じゃんけんを楽しみにするようになりました。M以外の子も鬼になりたかったのか、Aもじゃんけんに負けて鬼になることになったとたん、私のところに走ってきて、「やったー、初めて鬼になれた！」とうれしそうです。

そんな子どもたちの姿を見て、子どもたちは、鬼をやりたいのだと気づきました。

鬼は、「だるまさんがころんだ」遊びの中心です。「切り」に行くのも楽しいし、つかまるのも楽しいけど、みんなを見わたしながら遊びを進めていく鬼に、とても魅力を感じていたと思います。

はじめは、鬼の力がとても強く、つかまえる鬼の意見が絶対で進んでいくことに理不尽さを感じていたかもしれません。だけど、遊びの中心人物である鬼に、だんだんとあこがれを抱くようになったのだと思います。それに今、鬼をしている子どもに次の鬼として指名されることで、友だちに認められるといううれしさもあるのでは、と思いました。

こうして、じゃんけんを楽しみながら、「だるまさんがころんだ」を一〇回以上続けて遊びました。

「だるまさんがころんだ」の遊びをとおして

「だるまさんがころんだ」遊びが思ったより盛りあがらず、楽しく遊べるにはどうしたらよいのかと考えることがなんどもありました。

しかし、保育士が遊びを整理するだけでなく、子どもたちとルールを決めたり、ルールを変化させていくなかで、ふだん遊びに入ってこない子どもがいっしょに遊ぶようになるなど、いっしょに遊ぶ時間を長くもてるようになりました。

また、子ども同士で話しあったり、ぶつかりあったりするうちに遊びがふくらんでいくのを見て、子どもたちは、友だちとの関わりのなかでおもしろさを発見したりしながら遊びを発展させていくのだと思いました。話しあいを中心に遊びが進んでいったことで、以前より積極的に遊ぶ子も多くなりました。

特に、友だちとうまく関われない子どもや、集団遊びが苦手な子どもが、どうしたら友だちと楽しんでいけるかを、今後もていねいに考えながら保育していきたいと思います。

友だちといっしょに回すのがおもしろい

4歳児…………

楽しい経験や遊びを表現活動につなげて

大阪・寝屋川市立ひなぎく保育所
依藤加恵

ひなぎく保育所の二〇〇九年度四歳児クラスは、男子一三名、女子九名、担任一名（二、三、四歳ともちあがり）のクラス編成です。

友だちといっしょに遊ぶ楽しさを十分に味わってほしい、そして遊びをとおして自分とは違う友だちの姿や思いにも気づいてほしいと願い、みんなで楽しめるごっこ遊びに取りくみました。また、その楽しかった経験やそこで感じたそれぞれの思いを描いたり作ったりする表現活動へと、意識的につなげるようにしていきました。

意地悪な魔女の登場

三歳児クラスで遊んだ「大魔女さん」（やさしい魔女）とのごっこ遊びを継続しながら、四歳児では「意地悪な魔女」を登場させました。さまざまな魔女の絵本を読み聞かせながら魔女ごっこを楽しんでいるうちに興味をもち、盛りあがってきたのが『ライオンと魔女』（C・S・ルイス原作　チューダー・ハンフリーズ絵　岩波書店）でした。

内容的には四歳児には少しむずかしいところもありますが、子どもたちがライオンの王様「アスラン」といっしょに「白い魔女」から「ナルニア国」を守るお話です。「魔法」「剣」「弓矢」「冒険」「オオカミ」など、子どもたちが引きこまれるようなエッセンスがたくさんあり、どの子にもライオンと魔女の世界が広がっていくようにしかけをしたり、手紙を使ったり、探険を取りいれたりしました。また、ことばのイメージだけではなく、描いたり作ったりする活動のほか、からだを使った表現活動にもつなげる工夫をしました。

そんな毎日のなか、不思議なものを見つけると、なんでもごっこ遊びにつなげてしまう子どもたち。「鳩の羽根はふくろうの羽根」「斜めの木は風で倒れている」「白い魔女の力で空が黒くなってきた」と、黒い靴下、ふしぎな葉、虫の抜け殻など、見つけたものは宝物にして「〇〇発見！」と楽しんでいました。

夏になると、プール遊び用に魔法のボール（スーパーボール）が届き、ナルニアを助けるための宝探しが始まりました。

「ナルニアってどんな国やろう？」「ずっと冬と雪やで」「クリスマスもプールもないな〜」「力つけな、魔法には勝たれへん」と、まずはからだを使った遊びが始まりました。「秘密警察オオカミごっこ」、魔法の木のぼり、氷の下を渡る、魔法ごっこ（固まる競争）など。保育室の壁にまでよじ登る男の子たちや、「〇〇にな～れ」と、いろいろなものに変身したり、氷のように固まって楽しむ女の子たちの姿がありました（このころは保育士が、白い魔女やオオカミのボスになっているほうが遊びも盛りあがっていました）。

どんどん広がる楽しい発想

秋になると、白い魔女に勝つための「勇気の旗」「勇気のバンダナ」が届きました。そして運動会には、これまで遊んできた「秘密警察オオカミごっこ」などをつなげていきました。

そんなある日のこと。保育室に飾っていた子どもたちが描いた運動会の旗が、「もらった！」という手紙とともになくなっていたのです。運動会では、その旗と宝箱を見つけることにしました。子どもたちは、「本当に宝箱や旗が見つかるのかな?」とドキドキハラハラでしたが、みごと宝箱を発見！　そしてその宝箱はなんと、なくなった子どもたちの旗で作られていたので、みんな大喜びでした。

運動会後も、白い魔女の力で冬の世界になってきていることをイメージして肩をすぼめ震えてみたり、バンダナを巻いて「勇気でてきた」「紫の粉は、お花で作ったんちゃうか?」などと、楽しい発想がどんどん広がっていきました。

遠足は、アスランから届いた地図を持って「?ハテナ」を探す探険となりました。「?ハテナ」には、宝物ではなく、ナルニアを助けるための道具が描かれていました。

宝探しで大興奮の男の子たち。なかなか興奮がおさまらないので、「ああ、男の子たちは、白い魔女の魔法にかかってしまったんや」「魔法の力で先生の声も聞こえへんわ！どうしよう」と私。するとそばにいたHちゃんが目をつぶって下を向きはじめました。あわてて「Hちゃん、しんどいの?」と声をかけましたが、Hちゃんはずっとそのままの状態です。そうなんです！　Hちゃんは魔法にかかっていたのです。

「たいへん！　Hちゃんが魔法にかかって目をあけへんよ～」と叫ぶと、ようやく男の子たちが戻ってきました。みんなは「Hちゃん大丈夫?」「目、あけて！」と声をかけ「パンパンパン！」と手をたたいて魔法を解こうとするなど一生懸命でした。

この事件は、さらに子どもたちのイメージを広げ、遠足のお話の描画には楽しい想像の世界が登場しました。

四歳児たちの心の揺れ

冬には、『ライオンと魔女』のお話を絵本の内容どおりではなく、子どもたちの遊びやことばを取りいれて、生活発表会に取りくみ、小道具づくりも宝探しにつなげてみました。

こうした楽しい体験やそれぞれの思いを、作ったり描いたりして自由に表現活動をしてきた子どもたちでしたが、四歳児には、「自分のできなさ」「まわりと比べることでの不安」「気おくれ」など、三歳児のときとは違った姿が見えてきました。成長する過程での心の揺れや葛藤があることは理解していましたが、「好きに作ってええねんで」と伝えても思い悩む姿には、正直、「なんで?」「どないしたん?」と、私もとまどいました。

しかし、それは友だちの姿を見て、「あんなふうに描きたいな～」「どんなふうに描いたらいいのかな?」と悩む、自分で自分を励まそうとする姿なのだと気がつき、子どもたちには、自分の気持ちを整理できるようなことばかけがこれまで以上に必要だと感じました。

自分なりのやり方や工夫を楽しむ

心の揺れを見せる子どもたちに、自分なりのやり方や工夫を楽しんでほしいと願い、これまで以上に意識して、感覚遊びや、さまざまな素材を使った製作遊びに取りくみました。

保育室には、「廃材置き場」を設置しています。そこには、マジックや画用紙などの文具類をはじめ、ボタンやビーズや卵パック、割りばし、缶、毛糸、マカロニ、綿、ストロー、トレー、空き容器、エアーパッキンなど、子どもたちが家庭から持ってきたものもたくさんあります。また、家庭でも、廃材を使って家や船、生活発表会の小道具やペープサートを作って持ってくるようになりました。「ストローちょうだい、○○ちょうだい…次は何を言いだすのか」という保護者からの声も届き、家でも夢中になって遊ぶ子どもの姿があったようです。

子どもたちは、素材を見ただけでイメージをふくらませ、小道具や大道具をどんなふうに作るかをグループで相談して紙に描き、作っていきました。廃材置き場をゴソゴソと見ながら相談する姿は、まるで宝探しをしているかのようで、子どもたちの「やりたい」気持ちがあふれ出ていました。子どもたちが作ったものは、いつでも壁に貼り、みんなに見てもらえるようにしました。

継続して遊ぶなかで関わりを深める

生活発表会に向けての小道具・大道具づくりでは、こうした遊びをふんだんに取りいれて、楽しみながら取りくみました。

背景づくりでは、男女に分かれて、まず一人ひとりが家を作り、子どもたちで相談しながら構成して、「白い魔女のお城」を作りました。

男の子の「冬の城」は、家を作り終わった子から順に思い思いに背景に貼っていき、できあがったところで「階段も作ろう」「ここないやん」と相談しながら作り足していました。女の子の「春の城」は、ほぼ全員が家を作り終えてから、「これ、一番上やんな?」と、まずは相談をし、机の上で構成して作ってから背景に貼っていきました。

男女でやり方は違うものの、どの子も友だちと相談しながら協力して作りあげるプロセスを楽しんでいました。

素材を使う道具や感覚遊びは、そのあとのいかし方などを変えて日常的に繰りかえし遊ぶようにしました。継続して遊ぶことで、役割分担も子どもたちが決めるようになると同時に、「新聞紙でこうしたいねんけどな、わからんねん」と、相手に自分のイメージを伝えたり、「~やったら、わかるか?」「○○が描くから、△△は色塗りするか?」と、相手の思いを聞きながら、修正していく姿が見られるようになりました。

子どものもっている意外性を発揮し、想像力をふくらませ、友だちの思いを聞きながら一つの目的に向かって取りくんでいく共同作業は、自己をコントロールする大事な土台になったと思います。

心躍らせた彩色との出あい

彩色にも楽しみながら取りくみました。子どもたちの楽しい絵やお話を見たり聞いたりするなかで、「ここに彩色をしたらどんなふうになるのかな?」と、子どもたちに投げかけながら、絵の具や筆の使い方などを知らせるところから始めました。自分たちで彩色した色とりどりのシャボン玉遊びの絵が飾られていくと、「せんせ~、きれいやな~」「虹色やな~」と、子どもたちの感動がわき起こりました。

運動会後の『ライオンと魔女』の絵では、部分塗りをしたいところを子どもと相談しながら決めました。混色はあえて説明をしませんでしたが、「登り棒のピンクが塗りたい」「勇気のバンダナの紫が塗りたい」と色づくりを始めていた子どももいました。色づくりの姿をほかの子どもたちへ伝えると、あとは自然に子どもたち同士で教えあう姿になっていました(まだまだそこに興味がわかない子もいました)。

芋掘りや節分の絵の「コンテ」を使っての部分塗りでは、絵の具などと違った、やわらかい色彩とこすってぼかす変化に子どもたちも夢中になりました。

絵日誌の取りくみをとおして

子どもたちは、前年度から「絵日誌」に取りくんでいました。きっかけは、担任一人で忙しく、なかなか子どもたちの絵を描く時間が保障できなかったので、一日のなかで誰かがお絵かきできるように、という思いで始めました。その日の絵日誌は当番制で、おやつのときに保育者が読んだり(四歳からは、子どもがみんなに絵を見せながらお話する)、保育室の壁に貼って保護者に見てもらったりしました。

そのような身近に描く環境があるなかで、子どもたちはお話する楽しさを十分に実感したせいか、絵の上手下手にこだわったり、批判や描きしぶったりすることはありませんでした。また、子どもたちが伝えたい、話したい中身は楽しいことだけではなく、友だちとけんかして思ったことなど、なかまとの微妙な関係についても話してくれました。

保育者として絵日誌の取りくみは、楽しかったことはもちろん、生活や遊びのなかで気づけなかった子どもたちの一人ひとりの思いに共感したり、子どもとイメージを共有する場、保育を振りかえる場として、大切にしてきました。

自分の思いを素直に語れる場の大切さ

自分の思いを素直に語るようになった子どもたちは、友だちのがんばりを認めたり、友だちへのあこがれを語るようになりました。同時に、「今の自分は～だけど、～したらできるかな?」「次はこうしてみようと思う」と、友だちと取りくんできた過程のなかで、「ちょっとできなかった自分」「努力している自分」「がんばった自分」「工夫している自分」など、自分なりの評価も語るようになっていました。

生活発表会では、忘れられないエピソードがあります。白い魔女役を演じたNちゃんは、ごっこ遊びが大好きで、迫力満点の魔女の表現や、イメージ豊かに細かいところまで作りあげる製作では子どもたちのあこがれの存在でした。一方で、毎朝のように涙を見せ、ちょっとしたことでも落ちこんでしまう一面もありました。

発表会当日は、観客の拍手に思わず手を口にあててほほえんだNちゃん。発表会のあとの描画のときに、「恥ずかしかった。心が緊張してハートがこわれるようになった。でもな、もうがんばるって心が言ったら、拍手いっぱいもらって、もっとがんばりたい気持ちやった」と語ってくれたのです。当日のNちゃんの緊張やがんばる気持ちがひしひしと伝わってきて、私も胸が熱くなりました。

　自分の思いを素直に語れる場の一つが生活画であり、「語る力」や「なかま関係」「自分を見つめるまなざし」が着実に育ってきていることを感じたひとこまでした。

　年間をとおして、楽しい経験や遊びが表現活動につながるように環境設定することで、描くことや作ることが生活の一部分になり、いつでもイメージの世界とつながっているのだと、実感することができました。

友だちと相談して作った背景

ウォッチ
高陽なかよし保育園

4歳児クラス

ザリガニの飼育にて

エサを分けて
みんなでやります。

かたつむりや
アゲハ、ザリガニなどを
飼育し、
「だんだん大きくなる変化」を
楽しんだり、
いのちの大切さを
学びます。

つぶつぶ（エサ）1人5粒くらいで！

虫博士!!

昆虫図鑑を見て、
種類や飼い方に
くわしい子も
出てきます

5歳児クラス

うさぎの当番にて

係などの役割分担も
上手になり、
仕事が楽しく
できるように
なります。

誰がトイレ係する？
はーい!!
エサやりだけでなく
うさぎ小屋のそうじや
ふんの世話もできるよ！

人との関わりとなかまとの協同

尚絅学院大学
杉山弘子

すぎやま　ひろこ
東北大学大学院教育学研究科博士課程後期満期退学。
尚絅学院大学総合人間科学部子ども学科教授。
専攻は発達心理学。
主に乳幼児期のなかま関係の発達を研究。
共著に
『育ちあう乳幼児心理学』(有斐閣)
『かかわりを育てる乳児保育』(新読書社)
『保育のきほん 2·3歳児』(ちいさいなかま社)
ほか

四・五歳児クラスの子どもたちの人との関わりと人間関係の広がりを、四歳児クラスのなかま関係、五歳児クラスのなかま関係、および、おとなとの関わりに分けて見ていきます。なお、ここでの四歳児は四歳児クラスの子どもたちを、五歳児は五歳児クラスの子どもたちを意味します。

四歳児クラスのなかま関係

四歳児はなかまを意識し、なかまのなかでの自分を意識するようになると言われます。なかまから受けいれられ、認められていると感じることが、クラス集団を自分の居場所とするうえで重要と考えられます。しかし、なかま関係は、自分とクラスのみんなという関係だけではありません。子どもは、なかよしの友だち、興味関心をともにする数人の遊びなかま、生活グループのメンバーなど、さまざまななかまとの関わりをもちながら生活しています。なかよし、小人数での関わり、そして、クラス集団という側面から、四歳児のなかま関係を見ていきます。

1……なかよし

ここでいうなかよしは、いつも楽しそうに遊んでいる間柄だけではありません。けんかをしながらもいっしょにいるのはなぜかとふしぎに思うことがありますが、けんかができるほどに自分を出すことのできる相手とも言えます。なかよしの間では、ほかのなかまとの関係に比べて、相手の気持ちやおかれている状況に、より目を向けやすいと考えられますが、それとともに、自分を出して関われるところが重要です。だからいっしょにいて安心なのです。そして、なかよしの存在は、クラス集団での集まりや活動への参加を支える役割を果たします。

2……小人数での関わり

保育園の四歳児クラスで子どもが二人一組で一冊の絵本を選ぶ取りくみをしたときのようすが報告されています（千葉、二〇一〇）。どのようにして選んだのかを子どもに聞くと、「○○チャンガ　コレガイイッテイウカラ。ホントハ　○○ハ　コッチガイイッテイッタンダケド、ソッチモ　オモシロソウダナッテオモッタカラ」と答えます。

このように、四歳児では自分の意見を主張するだけでなく、相手の意見を聞いて自分の意見を変えるなどの調整が見られます。この事例で注目したいのは、双方の子どもが自分の意見を言っているところです。そうすることで相手の意見を聞き、選び直す機会が生まれます。自分の意見を変えたり、相手と合意を形成できたりという結果だけでなく、そこに至る過程で一人ひとりの子どもが自分の意見を表明できることが大切にされなければなりません。

こうした点からみて、グループ活動やそこでの話しあいには重要な意味があります。四歳児クラスにおいても、保育者の進行により、クラス全体での話しあいをもつことができますが、集団が大きくなれば一人ひとりが発言する機会は少なくなります。それだけでなく、大人数のなかでは緊張して発言できない子どももいるかもしれません。小人数のなかで、自分も意見を言い、他者の意見も聞きながら、どうするのがよいかと考える経験を積み重ねていくことは、大きな集団で話しあう力にもつながっていくと考えられます。また、合意を形成するときには、メンバー全員の意思を聞いてみる必要があることなど、保育者の援助のもとで、一人ひとりを大切にすることを学んでいきます。

グループでの話しあいにはこのような意味がありますが、話しあいの目的は、子どもたちの生活をより楽しいものにすることです。お店屋さんごっこの実践（福岡、二〇一〇）では、グループごとに何屋さんにするかを決め、相談しながら品物を作り、ちいさい子に買ってもらいながらお店屋さんごっこを楽しみます。自分たちで相談しながら取りくんだことで、お店屋さんを開く当日への期待もふくらみ、楽しく遊ぶ姿につながったものと考えられます。

3……………クラス集団

四歳児では、クラス集団を意識した行動が見られます。「○○組のみんなで☆☆をする」という設定が期待と意欲を高めます。その一方で、みんなで集まる場面や活動にスムーズに入れないときは、平気ではいられません。保育者はそうした心情を察しながら、クラス集団がなかまを自然に迎えいれられるように配慮する必要があります。

クラスのなかま関係を築く保育の基本には、誰もがわかる、できると思える活動をとおして、楽しさを共感しあえる経験を大事にすることがあります。しかし、それは、みんながいっしょに同じ活動をする場面だけではありません。先ほどのお店屋さんごっこのように、グループ単位での活動を大事にしながらクラス全体での取りくみにすることもできます。この実践では、グループごとに一つの目的に向かおうとする一体感が、クラスの一体感にもつながったと言います。また、子どもが個々に取りくむ活動であっても、クラス集団のなかで認められることで、できたことのうれしさや達成感が増します。そしてそこには、友だちができたことを自分のことのように喜ぶ子どもたちの姿があります。鉄棒の技など、一人ひとりの子どもの目標とすることや到達度が違っていても、互いの取りくみを認めあうことができるよう、その過程を伝えあい、共感しあう場をもつことが大切です。

五歳児クラスのなかま関係

五歳児クラスの子どもたちは、生活においても遊びにおいても、共通の目標をもって協同できるようになります。そのために話しあいをもつ場合にも、目的（テーマ）を共有して考えあうことができます。毎月の誕生会の前後に、クラスでおやつづくりをしている幼稚園の五歳児クラスの事例をとおして、五歳児のなかま関係について考えていきます。

1…………協同活動に意識的に向かう

おやつづくりに向けた話しあいでは、保育者の進行で、子どもたちが作りたいものやそれがよいと思う理由などを出しあいながら、みんなでおやつのメニューを決めていきます。

五月は合意形成までに三回の話しあいがもたれています（杉山、二〇〇八）。一回目のとき、保育者は、五月生まれの子どもを祝う気持ちを忘れないなど、三つの条件をあげます。それもあってか、五月生まれのA児も食べられるから焼きそばがよいという意見が子どもから出されます。二回目の話しあいでも、A児も含め全員が食べられるものでないとみんなのおやつづくりにならないという意見がでます。

子どもたちはクラスのみんなが食べられるメニューにすることを目指しています。それは、「みんなのおやつづくり」という表現にも見られるように、おやつづくりがクラスのみんなで取りくむ活動であると認識されているからです。協同活動に意識的に向かう五歳児の姿と言えます。

2……なかま理解の深まり

一〇月は二回の話しあいでメニューが決められています（杉山、二〇〇九）。一回目の話しあいで二案が残り、二回目の話しあいで、それらについて賛成の挙手をすると、最初は二〇対七でした。各案に賛成のグループごとに話しあい、結果を報告しあいますが、七名のグループの報告者が「あまり食べたことがないから」と言ったことで賛成者の数が変わります。その子は「アレルギーだから、かわいそうだから、譲ってあげたら」というほかの子どもの発言があり、保育者が譲ってもよい人を聞くと七対二〇になります。さらに話しあいが続くなかで、「譲る」と意見を変える子どもがあり、一対二六になります。最後は一名と二六名の代表がじゃんけんをして勝ったほうに決めることが合意され、実行されます。

たりしている点です。案そのものについての賛成意見や反対意見ではなく、ある案に賛成

ここで注目したいのは、なかまの事情を考慮して発言をしたり、自分の行動を選び直したりしている点です。案そのものについての賛成意見や反対意見ではなく、ある案に賛成している子どもの事情を理由にその案に賛成しようというのです。「あまり食べたことがない」という発言が別の子どものものであったら、形勢を逆転させるような影響をもたなかったかもしれません。子どもたちは発言の内容だけでなく、発言をした子どもを理解して受けとめているのです。

この例ばかりでなく、五歳児では、個々のなかまの事情や、好きなこと、得意なことなどを認識していると思われる姿が見られます。五歳児クラスの子どもたちは、生活をともにしながらなかま理解を深めていきます。

3……なかま関係の時間的つながり

再び、五月の話しあいのようすです。二回目の話しあいでは合意が得られません。ラーメンの賛成者は二名と少数です。その内の一人であるB児は四月生まれで、前回、自分の強い希望がかなえられてうれしかったことを保育者に確認されます。また、ラーメンがよい理由を聞かれて、温かいからと答えると、ほかの子どもからは、ほかのものも温かい、家でも食べられるなどの意見が出されます。ラーメンを含めて二案が残り、保育者は誰かが譲ったりしないと決められないこと、その日欠席のA児のことも考えてほしいことを伝えて二回目の話しあいは終わります。

そして、次の日の第三回目の話しあいでは、B児が家で考えてきて、先月は自分が譲っ

てもらったので、こんどは自分が譲ると自分から言います。

子どもたちは、日を置いてもテーマを保持して話しあいを続けています。また、B児が先月のできごととの関連で自分の行動を選び直していることからも、五歳児の認識の育ちが見てとれます。それとともに、先月はなかまに譲ってもらったからこんどは自分が譲るというように、なかま関係にも時間的なつながりができていることがわかります。

おとなとの関わり

おとなとの関わりも多様になる四、五歳児ですが、ここでは親との関わりとクラス担任との関わりを見ていきます。

1……親子の関わりと保育

園生活の背後には、それを支える親子の関わりがあります。次に紹介する保育園の四歳児クラスの実践（今野、一九九九）は、その例と考えられます。

伝承遊びの会という行事に向かう時期、ほとんどの子どもが失敗しながら引きゴマを回せるようになっていくなか、DくんとKくんは誘ってもやろうとしません。保育者が心配していると、Kくんの母親が、Kくんが「コマ回しできないからしない」と言っていることを知らせてくれます。同じ思いをしているなかまとそういう思いを共感することで、やる気を起こさせたいと思った保育者は、集まりでこのことを話し、Kくんの気持ちがわかるというなかまの発言を引き出します。また、その一人であるY子ちゃんは、三歳児クラスのとき、両手回しゴマができなくて嫌だったが、今はそれも引きゴマも回せるようになったことが明らかにされます。コマを回せるようになりたいのかという保育者の問いに、その場では「ナリタクナイ」と答えたKくんでしたが、回したくなったら応援するという保育者のことばもあってか、その日の夕方にはコマを手にします。Dくんもその気になり、二人は行事の前日にすごい集中力で回せるようになり、大変な喜びようだったと言います。

Kくんはなかまから、「できないからしない」という気持ちに共感してもらい、できるようになる希望をもらって、コマ回しに挑戦したのだと思います。母親の温かいまなざしや保育者の励ましも、Kくんをその気にさせたのでしょう。

こうした状況をつくりだすことができたのは、母親が「できないからしない」ということばに子どもの成長を感じて、保育者に伝えてくれたからです。子どもは、担任の保育者の前ではことばにしない思いを、親に対してつぶやくことがあります。だからといって担任を信頼していないわけではありません。思いが複雑になるなかで、困っていることや要求をそのまま出してくれるとは限らないのです。だからこそ、子どもが信頼を寄せるおとな同士が連携しながら、子どもを理解することが大事になります。

2……………クラス担任との関わり

クラス担任は子どもにとって園生活のよりどころです。子どもは、さまざまな感情を受けとめ、共感してくれる保育者に安心感をもちます。また、困っていることの解決や要求の実現に向けて支えてくれる保育者に信頼を寄せます。

しかし、四、五歳児は担任とのこうした結びつきがあっても、自分の思いを言わなかったり、言えなかったりすることがあります。反対に、担任の意向をくみとって応えようとする姿も見られます。その背景には、他者や状況についての理解の発達があります。

保育者はこうしたことがありうることをおさえて、一人ひとりの子どもが自分の思いを表現し、要求を実現しながら、なかまとともに楽しい生活を築いていけるよう支えていきます。

引用文献
今野広子
「仲間とのかかわりで育つ—仲間が見えて、仲間の中で自分を見つめる4歳児—」仙台保育問題研究会編『みやぎの保育』第五号　37ページ~46ページ　１９９９年
杉山弘子
「話し合い場面における幼児の行動の変化⑵」日本教育心理学会第50回総会発表論文集　２０６ページ　２００８年
杉山弘子
「話し合い場面における幼児の行動の変化⑶」日本教育心理学会第51回総会発表論文集　１９９ページ　２００９年
千葉直紀
二人組から始まる集団づくり　全国保育問題研究協議会編集委員会編『季刊保育問題研究』２４２号　89ページ~92ページ　新読書社　２０１０年
福岡奈々
「仲間との関係をつくりながら育つ（4歳児）」仙台保育問題研究会編『みやぎの保育』第十号 27ページ~35ページ　２０１０年

4歳児…………

Aくんの思いがことばになるまで

大阪・貝塚市立葛城保育所
尾崎一美

葛城保育所は、大阪府の南部に位置し、まわりには自然が多く、子どもたちがのびのびと過ごしています。

この地域には、ほかに保育所がないため、保育を必要とする子のほとんどがここへ来ています。また、幼稚園や小学校との定期的な交流や、地域の方との交流もあります。

友だちと関わりが少ないAくん

四月、担任も変わり、在園児一六名と新入児二名（男児八名、女児一〇名）を迎えてきりん組がスタートしました。一つ大きくなったことにウキウキしている子どもたちは、園庭でもお部屋でも元気いっぱい。しかし一方で、担任にうまく甘えることができなかったり、みんなで話しあう場では、自分の思いを伝えられずに固まってしまう、などの姿がありました。

そのなかで、三歳児から入所したAくんは、友だちとの関わりが少なく、朝、保育所へ来ても、担任の近くで友だちが遊んでいるのを見ているだけでした。

朝の会で集団遊びに取りくんだときも、その輪のなかになかなか入っていけず、担任が声をかけることで少し手を出してみる姿はあるものの、ことばが出ることはなく、とまどっていました。ほかの子も、そんなAくんの姿に気づきながら、接し方がわからないようでした。

私は、子どもたちがAくんの姿を認め、考えることで、友だちへの思いにつながるのではないかと思いました。また、一人ひとりを大切にすることが集団を大切にすることにつながるのではないかと思い、保育を組み立てていくことにしました。

保育所が楽しい場となるように

朝、なかなかお母さんから離れることができずに毎日のように泣いていたAくん。お母さんからも、友だちと関わっているようすがないことや、保育所へ来るときの表情が楽しそうではないことが心配だという話がありました。

　そこで、できるだけお母さんと直接話をする機会をつくるようにしました。私からは、特にAくんにどんな変化があったか、Aくんの好きなものは何かなど、保育士の思いも交えながら話をするようにしました。Aくんにとって保育所が楽しい、行きたい場所になるように、どうしていったらいいかをお母さんといっしょに考えることで、Aくんの家庭での変化にも気づくことができ、声かけの工夫もできるようになりました。

　また、職員会議でも、クラス全体の課題からAくんの姿を伝えました。そのことで、担任以外の保育士もAくんのことを気にしてくれるようになり、変化があったことなど担任とはまた違った視点で見まもってくれ、「きょうは、○○してたね」などと、声をかけてくれるようになりました。

クラスでちょうちょを育てよう！

　春、散歩で見つけたちょうちょを見て喜ぶ子どもたちの姿がありました。私は虫が苦手で、ちょうちょを飼うのは初めてでしたが、保育所の畑にあるレモンの木に卵があったので、まわりの保育士に協力をしてもらい、クラスでちょうちょを育てることにしました。

　子どもたちは、毎日のように朝の会でようすを見たり、ちょうちょの載った図鑑を開いたりして、どの種類のちょうちょになるのか、さらに興味を深め成長を楽しみにするようになりました。青虫の食べる葉っぱの量に驚いたり、かくれんぼしているかのように見えにくい青虫を探したりしては、「あそこにおるで！」「ここにもおったわ」と、友だち同士で教えあったりしていました。

ちょうちょ遊びに入ってこなかったAくんが!!

いよいよ、さなぎからちょうちょにかえる瞬間がきました。

食いいるようにジーッと見つめる子どもたち。飛び立つまでに時間がかかるのですが、「がんばれ!」と応援する姿がありました。

それからは、散歩でちょうちょを見つけるたびに、「あれ、おれらが育てたちょうちょやで」「こんど、保育所に遊びにおいでや」と意気揚揚です。

お部屋でも、ちょうちょが飛び立ったときのことや、さなぎの中でどんなふうに育っていたのかをみんなで話すことが増えました。

そんな子どもたちの姿を見て、ちょうちょの成長を表現遊びとして取りくむことにしました。「ちょうちょの羽って、こんなんやったでな」「ちょうちょの羽は、最初柔らかくてフニャフニャやった」「どんどん羽がかたくなっていったな」「花とかに止まるときは、羽が後ろでピタッてなってたで」など、さまざまなことばとともに、からだ全体で遊びはじめた子どもたち。

しかし、ここでもAくんは、なかなかみんなと同じようには入っていけず、座ったまま、友だちの動きを見つめていました。もちろん、ちょうちょの成長は、みんなといっしょに見まもってきたのですが、勇気が出なかったようでした。

保育士が「いっしょにやろう」と声をかけようとも思ったのですが、それでは意図的にさせることになるのではないかと思い、とっさに「見て! ちょうちょさん! あそこにきれいなお花が咲いてるよ」と、Aくんを花にみたてました。

すると、今までちょうちょの動きで必死になっていた子どもたちが、Aくんの姿に気づいて駆け寄ってきました。そして「ほんまや！　おいしそう」「なあなあ！　ここに蜜がいっぱいあるで」と、Aくんの頭やからだのあちこちに口をつけ、吸うまねをしたのです。それが、Aくんにとってうれしかったのでしょう。少し照れたような笑顔がでて、みんなが蜜を吸い終わって飛び立つと、同じようにAくんも飛びだしました。ほかの子も、そんなAくんを受けいれ、楽しそうにいっしょに飛んでいました。

「友だちと遊びたい」思いが形となって

それからしばらく経ったある日、Aくんが給食の時間に隣で座って食べていたBくんのイスを蹴ることがありました。Bくんは必死で「やめてよ」と言っているのですが、Aくんにやめる気配はありません。そんなAくんの姿は初めてのことで、担任も驚き、少しの間、見まもることにしました。それでもやめる気配がないので、AくんとBくんの二人に来てもらいました。しかし、話をしても、Aくんはうなずいたりするだけで、ことばが出てきません。

そこで、Bくんにいったん席へ帰ってもらい、Aくんとじっくり話すことにしました。するとしばらくしてAくんがゆっくり話しはじめました。

「あのな、この前CくんがBくんのイス蹴ってて、いっしょに笑ってたから」

どうやらAくんは、それがうらやましくて同じことをすればBくんが笑ってくれると思ったようでした。しかし、残念ながらBくんとCくんのような関係がまだできていなかったこともあり、Bくんにはその気持ちが伝わらなかったのだと思います。

私は、友だちとつながりたいと思ったAくんの気持ちは大切にしたいと思い、もう一度、どうすればBくんが笑ってくれるのかをAくんとじっくり話しあいました。その後、またBくんを呼んで、Aくんが自分のことばで伝えることにしました。もちろん、このことはその日にAくんのお母さんにも伝え、いっしょに喜びあいました。

それからしばらく経った、七夕の行事でのことです。園では、「親の願い」と「子どもの願い」の二つを書いてもらっています。

Aくんの家庭では、お母さんがすごくすてきな声かけをしてくれました。大好きな戦隊ものに関わることが多かったAくんに、「戦隊もの以外で何か願いごとはないの？」と聞いてくれたのです。すると、Aくんから「あのな、友だちに『よして（入れて）』って言えるようになりたい」ということばが返ってきたそうです。

個々の姿を大切にすることが集団づくりにつながる

Aくんが、自分から友だちとの関わりを求めるようになって、少しずつAくんの好きな遊びや興味のあるものがわかってくるようになり、友だちとの関わりも増えていきました。また、私自身、Aくんをとおして、ほかの子どもたちの課題にも気づくようになり、個々の姿を大切にすることが集団づくりにつながっていくことを実感しました。

五歳になったAくんは、今ではこの実践を懐かしく思うくらい、集団のなかにとけこみ、毎日保育所で楽しそうに過ごしています。

5歳児……………

とことん話しあうことを大切に

徳島・すぎの子保育園
三好果織

五歳児クラスくじら組は、一六名。四歳児からの担任が持ちあがりましたが、はじめての一人担任かつ年長の担任というプレッシャーのなか、スタートしました。

このクラスは、二〜三歳のころからトラブルも少なく、落ち着いたクラスでした。しかし、受身で自分の思いを主張できない子がたくさんいるように思いました。一人ひとりが大切にされ、みんながいきいきと生活や活動ができるような集団になるために、一年をとおして話しあうことを大切にしました。

まずは少人数での話しあいから

初めての五歳児担任…「何をどうやって保育したらいいん!?」と、年齢別の本や実践をいくつも読み、探りながらの状態でスタートしました。

子どもたちは年長になったうれしさからすすんで当番活動をしたり、自分たちで生活を切り替えて食事、午睡を進めていくことができました。しかし、生活に慣れてくると、今までサッサとできていた当番活動が四五分もかかったり、おしゃべりばかりしてなかなか午睡ができなくなったりしました。

また、遊びの面において、月齢の高い子など一部の子どもの思いどおりに遊びが進められ、そうでない子はがまんしていたり、不満をもっているけど言いだせなかったりする姿も見られました。

そこで、自分の思いを伝えたり友だちの思いに気づいたりできるように、当番活動をするときやトラブルが起こったとき、遊びのなかや行事のたびに、少人数で話しあうことを重ねていきました。

グループ対抗のリレーになんどか取りくむうちに、「ふっくんは走るん速いけん、最後に走ってよ」「バトンは絶対に落とすなよ」と、子どもたち同士で作戦を立てるグループが出てきました。かと思うと、ほかのチームが作戦を立てる間はジャングルジムで遊んだり、砂に絵を描いたりするグループもありました。そのグループには保育士が入り、「このグループでは誰が走るん速い？」「速い子は何番目に走ったら勝てるんだろうなあ？」とグループ全員（四名）が話しあい、考えることができるような声かけをしました。このグループは当番活動においても、「かーくんがぜんぜんなんにもしてくれん！」と保育士に訴えてくることが多かったのですが、この日以来、「どうしてかーくんはなんにもせんの？」「かーくんだけなんもせんのはズルいわ！」と、自分の思いを友だちに伝える姿が見られはじめました。

自分たちの生活は自分たちで決めたい！

午前中の保育内容は、天候や季節、ねらいを照らしあわせ、保育士のほうから「○○へ行きます」「きょうは○○をします」と決めていましたが、子どもたちから「えーっ！○○がよかったのに！」「○○したかったのに」という声が出てくるようになりました。

そこで私は、子どもたちが主役になって自律した生活を送るためにも、みんなで相談して活動内容を決めたほうがいいのでは？　と思い、帰りの会で次の日の活動を話しあうことにしました。

はじめは「ままごとしたい」「積み木がいい」「山行きたい」「危ないけんイヤ！」と、それぞれ自分の思いを主張しぶつかりあう毎日でした。そこで、保育士「あしたできんかってもあさってもあるよ」「どうして山は危ないん？」子ども「ヘビが出るけん」「こわいでー！」保育士「そんなときはどうしようか？」などと話を進めるなかで、自分の思いを伝え、友だちの思いも聞く経験を重ねていきました。それぞれにやりたい活動があり、たくさん出てきたので、それを表にしました。すると、その表とカレンダーを見あわせて「あしたはやっちゃんのやりたいままごとやろうだ。ほなけどこの日はリレーしたいんやけど」などと、友だちの思いも考えながら自分の思いを伝える姿が見られはじめました。

みんなのためにがまんも必要!?

七月、園内に宿泊するプレ合宿を行いました。「夜ご飯はなんにする?」「朝ご飯は?」などを相談することになり、グループに分かれて一つの意見にまとめて出すことになりました。毎年、プレ合宿には流しそうめんをしているので、子どもたちは「くじら組さんのお泊りのときは流しそうめんができる」とあこがれの気持ちをもっています。なので、四グループ中三グループは「流しそうめんがいい」と言うなか、一グループだけ「オムレツがいい!」とゆっちゃんが言いはってなかなか決まりませんでした。

そこで全員で輪になり、どうしたらいいかを話しあうことにしました。一人だけ「オムレツがいい!」と言いはるゆっちゃんの姿を見て、クラスのみんなが「それでいいよ…」とあわせはじめました。でも、私はここでゆっちゃんの意見がとおるとみんなの合宿が楽しいものでなくなり、ゆっちゃんにとってもいい経験にはならないと思いました。私はクラス全員に対し、オムレツに決まると食物アレルギーのある友だちは別のメニューになるのでみんな同じメニューが食べられないことや、ゆっちゃん以外の友だちはみんな流しそうめんを望んでいること、みんなのためにがまんできるのはお兄ちゃん、お姉ちゃんだけで赤ちゃんにはできない、ということを話しました。すると、ゆっちゃんは泣きながらも自分の思いをがまんし、みんなの望む流しそうめんにあわせてくれました。

話しあうことに取りくんでも、最初は月齢の高い子や積極的な子が自分の思いを出すだけだったので、保育士が思いを伝えられない子に「どう思う?」と聞くようにしました。また、一人でも納得いかない子がいると、とことん話しあうことも大切にしてきました。

そんななか、子どもたちは自分の思いに気づいて主張したり、友だちやクラス集団のためにがまんすることも必要だということに気づいたりしはじめました。

エルマーをやりたい…けど…

一二月の生活発表会には全員で話しあい、『エルマーのぼうけん』(ルース・スタイルス・ガネットさく　ルース・クリスマン・ガネットえ　福音館書店）の劇をすることになりました。配役を決める話しあいのなかでエルマー役をやりたいという子が一三名いました。そこで私は、自分の気持ちを友だちに伝えたり、友だちの思いに気づくいい機会になると思い、「どうしてエルマー役をやりたいか」を一人ずつ話すことを子どもたちに提案しました。

そのなかでゆっちゃんが「前、スイミーしたけん、やめてあげる」と、昨年度の生活発表会で主役をしたので今回は譲ってあげると言いだしました。以前のゆっちゃんなら自分の思いを押しとおしていたと思います。しかし、夏のプレ合宿での話しあいのなかで「みんなで成功させるためにはがまんせないかんこともある」と感じ、心に強く残っていたのだと思います。そのゆっちゃんのようすを見て、ふだんはマイペースで友だちとのトラブルも多いかーくんも、「オレもやめてあげる。みんな（いつも）やさしいけん」と言い、それから何人か「やめる」と譲り、五人残りました。

そこでまた私は、エルマー役ばかりが多いとほかの配役がいなくなり、劇が成立しなくなることに気づいてほしいと思ったので、わざと「五人でエルマーする?」と問いかけてみました。すると、クラスで一番月齢が高く、リーダー的存在のかいちゃんが、思いつめたような表情で、自分に言い聞かせるように「（エルマー役が）いっぱいすぎてできん…やめてあげる。前、スイミーやったけん」と言いました。きっと、ほかの子のやりとりを見ながら、自分の「エルマー役がやりたい」という思いと「劇を成立させたい」という集団への思いのなかでずっと揺れ、葛藤していたのだと思います。

最終的にエルマー役は、昨年度スイミーになりたくてもなれなくて「オレは（エルマー役が）やりたい。前、スイミーできんかったけん」と思いを伝えたいっくんと、今までのようすをジーッと見ていたおーちゃんとみかちゃんの三人に決まりました。

おーちゃんとみかちゃんは月齢もちいさく、ふだんから積極的に自分の思いを伝える子ではありません。人前で話す機会があると、名前を言うだけでも泣いてしまうような子でした。自分の思いがありながらも、保育士がそっと聞くとやっと話せるというような子たちです。しかし、なかよしの友だちのなかではハツラツとしていて、思いをぶつけあってけんかすることもできます。この配役決めの話しあいのなかでも発言することはありませんでしたが、みんながエルマー役を譲っても最後まで自分たちは譲らなかったことで自分の思いを精いっぱい表現し、また、まわりの友だちもこの二人の思いを感じていたのだと思います。二人は、今までの生活や話しあいのなかで自分の思いをくみとろうとしてくれた友だちの存在に安心し、自分の思いを表現することができたのだと思います。

でも私は、本当に大丈夫だろうか、おおぜいの保護者が見ているなかでセリフを言ったりすることができるだろうか、途中でわからなくなって泣きだしたりするんじゃないだろうか…と終わるまで心配でした。

しかし生活発表会当日は、私の心配をよそに、エルマー役の三人は力をあわせてたくさんのセリフを言うことができました。途中で止まってしまうと、ほかの役の子が横からこっそりセリフを教えてあげる場面もありました。私の出る幕はなく、子どもたち全員が協力して劇をつくりあげた姿に感動し、年長の担任のやりがいを感じました。

同時に、子どもを信じる気持ちが足りなかった、いろいろなことを子どもたちに教えてもらうことができた、と思いました。

全員がそれぞれの場面で主役になることができた生活発表会でした。

年長は大変！　でも、また担任したい！

このクラスの子どもたちが卒園して半年。こうくんのお母さんがこんな話をしてくれました。「うちの子な、テストはあんまりできんかったけど、全校生徒の前で発表したんじょ！」。小学校の夏休み明けに、「何をして過ごしたか」を各学年数名ずつ発表する全校集会があり、こうくんは立候補して発表したそうです。それを聞いて、とてもうれしかったです。そして、みんなととことん話しあうなかで、自分の思いを友だちに伝えたり、友だちの思いに気づいたりすると同時に、自分に自信もついていったのだな、と気づきました。

年長クラスの担任は、とても忙しく、負担も大きく、大変な一年間でしたが、得られるものはそれ以上に多く、子どもたちといっしょに成長していくことができました。今、「また、年長の担任がやりたい！」と思っています。

「ゾンビごっこしよー」
「こわいこわい先生ごっこにしようだ」
くじらさんの大好きな遊びです

5歳児…………

二四人全員が出ないと光組のリレーにならない！

京都・白い鳩保育園
長 雅俊

産休明けから就学前の子どもたちが通う、定員一二〇名の白い鳩保育園は、古くから西陣織で栄えていた地域にあり、そこで働く人たちのニーズによってつくられた歴史ある園です。今回紹介する実践は、二〇〇八年度に担任した五歳児クラス二四名（男児一三名、女児一一名、そのうち障がい児四名を含む）の運動会で取りくんだリレーです。

だって、足遅いもん

「さあ運動会ごっこをしよう！」と、遊びのなかにかけっこを入れてみました。しかし、走る前からNちゃんが暗い顔。かけっこには勝ったものの、終わったとたんに泣きだしてしまいました。「どうしたの？」と聞くと、「負けると思ったら嫌になった」「だってN、足遅いもん」とつぶやきました。おやつのとき、みんなにも「きょうのかけっこどうやった？」と聞いてみたのですが、「走りたくない」「やりたくない」「だって足遅いし」と、半数以上の子から否定的な意見が返ってきて、不安そうな顔をしています。予想した以上に自信のない子どもたちの姿に、私は「これからどうやってリレーに取りくんでいったらいいのか」と、頭を抱えてしまいました。

とにかく走る楽しさを伝えたい

なんとか「走る楽しさ」を伝えられないものかと考えました。そして、子どもたちがイメージしやすい「筋肉」についての話をしようと思い、翌日の朝の会で私は再びかけっこを話題にしました。

保育士「（O先生は）なんで子どもより速く走れると思う？」子ども「足が大きいから？」「力があるから？」「足が長いから？」保育士「じゃあ、なんで同じくらいの足の長さの男のO先生と女のN先生の速さは違うの？」子ども「男の子やからかなあ？」（いろいろと思いをめぐらす子どもたち）。保育士「速く走るにはどうしたらいいと思う？」子ども「手を振ったらいい！」「（手を）パーにしたらいい！」「足に、グッて力入れて走る！」

保育士「先生もちいさいころ足が遅かったんやで。でもいっぱい走って練習したし、足に筋肉がついて速く走れるようになったり、高くジャンプできるようになったんだよ」というやりとりがありました。

そして、「よし！　みんな立って腰落としてみて。それで太股に触ってみて。硬いやろ？これが筋肉やねん。この筋肉が硬くて太くなってきたら、足の力が増えて速く走れるようになるんやで」と声をかけました。イスを輪に並べて、顔を突きあわせて腰を落とした状態で足の筋肉に触れる子たち。いつもはなかなか話を聞いてくれない子どもたちも、真剣な表情で聞いていました。座ったときと立ったときの筋肉の硬さの違いを感じたり、自分のからだに触れながら、気持ちをほぐしていっているようでした。

そこで、「これから公園に行ったら、まずは何周でもいいから走って、それから遊ぼう。走った数をこの紙にシールを貼っていこう。毎日少しずつがんばって貼っていって、この表が高くなったら、足に力がついている証拠やから、きっと速く走れるようになるよ」と投げかけてみました。いち早く飛びついたのはNちゃん、Hくん、Tくん、Iくん、Rくん、Sくんなど、はじめ「走りたくない」と自信のなかった子どもたちでした。保護者からの連絡帳にも、「きょうは何周走った！」「筋肉ついてきたかなあ？」など、喜んで話す子どもたちのようすが多く書かれるようになってきました。

Aくんがいるから負ける

そんななか新たな問題が出てきました。障がい（自閉症スペクトラム）があり、明らかにみんなと比べて走るのが遅いAくんのことです。九月下旬に「幼児リハーサル」でリレーを二回やったときも、いずれもAくんがいるチームが負け、みんな「Aくんがいるから負けた」と感じていました。

私は、なんとか対等な条件をつくりあげてほしいと思い、あえてこの問題を子どもたちに投げかけてみました。四歳児クラスのときからオニごっこやこおりオニなどの集団遊びでは、鬼の力（人数）と子どもの力（人数）をできるだけ同じくらいの力関係にして、「対等の条件で遊ぶからこそおもしろい」ことを徹底して追求してきました。そして勝ちたいあまりルールを破ってしまったときは、遊びを止めてでも話しあって集団遊びをつくってきました。これは、私が集団づくりのなかで一番伝えたいと思っている部分でもあります。「特別」をつくって対等の条件でなくなったときに、その子に向けられるなかまの思いは「同じクラス集団として楽しみや悲しみを分かちあったなかま」という視点になるだろうか、とかねてから疑問に思っていたのです。

「光組のリレーは、二四人全員が出ないと光組リレーにならないし、一人でもいなかったらだめなんだよ。人数が減ったら勝負にならないし、同じ力にしなあかん」と、力の概念がわかるように、ホワイトボードに男性保育士の顔と女性保育士の顔と年配の女性保育士の顔と子どもの顔の絵を描き、その下に足の絵を描いて、男性には四つ、女性には三つ、年配の女性には二つ、子どもには一つというように、足の力や速さを図で示してみました。

そして、「Aくんはまだ、お話したり、みんなみたいに速く走ったりできないけど、みんなといっしょの光組さんやし、リレーでいっしょの力になる方法をみんなで考えよう」と提案しました。

子どもたちはいろいろと意見を出してくれましたが、なかなか「これだ！」という案が出てきません。むずかしい問題にみんな考えこんでしまいました。「じゃあ、この話は宿題ね!! あしたまた聞くから、考えてきてや」と、次の日にもちこすことにしました。

みんなでうーんと考え、納得して

この問題は職員間でもかなりの議論となりました。「Aくんのチームに足の速い子を固める方法」「Aくんが一番手で先生といっしょに走る方法」「Aくんが一番手でスタート地点を半周先にする方法」の三つの案が出て、Aくんも含めてどの子も精いっぱい力を出しきるためには、三つ目の案が一番いいと担任間で考えました。

翌日は朝から悶々《もんもん》とした雰囲気。昨夜一生懸命考えて寝るのが遅くなってしまった子もいました。朝の会で輪になって集まると、みんなの思いが伝わってきます。

私は一人ひとりの意見を聞いていきました。「手をつないであげて走る」「先生といっしょに走る」「負けた（遅れた）分、子どもたちが一生懸命走ればいい」「速い人が二回走る」など、それぞれにいろいろと考えてくれていました。「すごくむずかしいよなあ。いっしょに走ってあげるのはいっしょに走る子が思いきり走れないからつらいし、Aくんのチームばっかりに足の速い子がいくのもなんだかなあ」…どれが一番いい方法なのかわからず（担任のなかでも揺れていました）、なんともいえない雰囲気になってきました。

そこで、「先生たちもすごく悩んでお話してきたんやけど、こんなんはどう?」と、保育士が考えた案を切りだし、ホワイトボードに楕円（トラック）を書きこみ、さらに楕円の上下にそれぞれ一本ずつ線（スタートライン）をつけ加えました。そして、その描いたトラックの上でAくんと他児にみたてた二本の人差し指を走らせながら、リレーをして見せました。

「それがいい!!」ホワイトボードを食いいるように見ていた子どもたちから、パッと笑顔が出ました。どんよりとした空気がいっぺんに明るくなり、「よし！　これで力はいっしょやし、いい勝負になるな！」と共感しあえた瞬間でした。そして、全員が納得してリレーに取りくんでいくことができました。

「俺はやらへん!!」から「頼んだぞ！」へ

いよいよ運動会を間近に控えたある日、Bくんが爆発しました。この日、白組アンカーを務めたBくんは、勢いあまってカーブでオーバーラン。紅組Cくんにギリギリまで迫られたことに腹を立て、二回戦に来ませんでした。Bくんは三歳児クラスのときから集団に入ることが苦手な子で、巡回相談などでアスペルガー症候群の傾向があると言われるなど、コミュニケーション面で弱さを抱える子でした。

「おまえらがうるさいからや！」「おれはやらへん!!」の一点張りのBくん。給食の時間も迫っていたので、「きょうは、これでおしまいにしようか？」「この勝負は紅組の勝ちで、一対一の引きわけにしようか？」とみんなに提案しましたが、「えー！　勝負したい」と、特に負けた紅組の女の子たちが納得いかないようす。みんなの声を、そのときどきにBくんに投げかけてみましたが、響きません。

そこで最後の最後に、私は「うるさいからっていう理由じゃ、みんな納得できひんで！」とBくんに要求しました。Bくんはみるみるうちに表情がくずれ、泣きながら「追いかけられたのが嫌やったんや…」と訴えたのです。

このことばと姿にみんな納得でき、場の雰囲気が変わっていきました。かたくなだったBくんの心もやわらいでいきました。私が「きょうは走りたくないのはよくわかったし、自分の代わりに走ってくれる人にちゃんとお願いしな」と言うと、BくんはなかよしのFくんに「走って」と頼むことができました。頼まれたFくんも慎重な面持ちで「わかった！　まかせとき」と言って、二回戦に進むことができました。

翌日のリレーでFくんにアンカーを譲り三番手で走ることになったBくん。「頼んだぞ！」ということばをかけて次の走者にバトンを渡すことができました。

卒園児リレーでのAくんとBくん

その後、小学二年生になったAくんとBくんが、二〇〇九年の運動会で卒園児リレーに参加してくれました。紅白で人数が均等になるように分け、卒園させた担任が卒園児の名前を紹介するのですが、私はAくんの走るスピードのことをまったく忘れていました。紅組は一人足りなかったので、わざわざ二回走る子をつくってもらって、リレーが始まりました。

二年生が走りだしAくんの番が来てやっと、私は「しまった！」と気がつきました。Aくんはがんばって一周走りきりましたが、そこで白組の勝ちは絶望的。一周くらいの差がついてしまいました。リレーはやはり競りあってこそ楽しいので、それこそ対等の力になるように配慮しなければいけないのに！

なんともいえない雰囲気のなかリレーが進み、ついに紅組アンカーBくん、白組アンカーSくんになりました。約一周の差があったので、Bくんがゴールに近づいたとき、やっとSくんのスタートです。

私は、「ああ……」とマイクを握ってへたりこんでしまいました。ところがなんと、Bくんはゴールせずにそのまま S くんと並んでもう一周走りつづけたではありませんか！思わず沸きあがる歓声。そのまま競りあってわずかの差でBくんがゴールテープを切りました。私は驚きと感動で大喜び！

私が伝えたかったことが確実に彼らのなかに育っていると実感でき、このできごとは私のなかで大きな自信となりました。

歓声のなか走る紅組と白組

5歳児……………

みんなでいっしょに大きくなる!

大阪・吹田市立千里山保育園
伊場直子

Fくんの好きなことはなんだろう?

Fくんは医療機関で発達障害と診断され、四歳児の一〇月に入園してきました。入園当初は、扉の開け閉めをしたり、一人で絵本を読んでいたり、急に興味が変わり部屋を飛びだしていったりと、クラスの友だちとの関わりはなかなかもてずにいました。

おとなとの関係をしっかりつけながら、Fくんの好きなことはなんだろう? と探っていくうち、楽器、音楽が好きということがわかってきました。そこで、クラスでも楽器演奏をするなど、みんなと共感できる時間をつくることで、少しずつ友だちの存在と自分の居場所が位置づいていきました。

五歳児クラス（二五名）に進級してからも、朝はみんなでうたを歌うことからスタートしました。ピアノの音が聞こえると、すぐに部屋に戻ってくるFくん。何曲か歌う間、じっと聞き入ったり、リズムにあわせてタンバリンをたたいたりしています。けれども、歌が終わるとまたすぐに出ていってしまうのです。事務所の先生に関わってもらったり、テラスの日だまりでホッと一息ついて、しばらくするとまた自分で部屋に戻ってきます。クラスでの楽しみを少しずつ見つけながらも、出たり入ったりという状態でした。

どう関わっていいのか困っている子どもたち

クラスの子どもたちは、Fくんのことが気になりながらも、どう関わっていいのかわからず困っているようでした。そこで、どうしたらFくんが気持ちよく部屋に戻ってこられるかを考えました。

時計の針で見とおしがもてるFくんに、グループの子どもたちから「今○○してるから、時計の針が××になったら帰ってきてね」と伝えてもらうようにしてみました。それと同時に、「なんでFくん、部屋から出ていってしまうんかなぁ」ということも考えてみました。生活の切り替えの場面で、クラスが雑然としているときが特に多かったので、「Fくんは、みんながあちこちでいろんなことをしゃべって、うるさくしているとしんどくなって出ていくねんで。時計が××になったら帰ってくるから、そのときにまた出ていってしまわないようにしよな」と、心地よく戻ってこられるようにしました。

Fくんが変わっていくきっかけ

そのようななかでFくんは、だんだん、みんなのしていることが気になったり、大好きな友だちもできてきました。その反面、何をするにもいつも「Fが一番！」と、思いどおりになるまで主張しつづけます。はじめはとまどっていた子どもたちも、「はじめからやり直そうか…」「Fくん、一番はここやで…」と、Fくんの思いをくんであげるようになってきました。

そんなFくんが変わっていくきっかけとなったできごとがありました。

毎年夏には、平和の取りくみとして、四、五歳児でうたを歌います。当日の朝、Fくんは「今日はみんなといっしょにがんばってあげるよ」と言いました。そして、タンバリンを太鼓にみたて、みんなのうたにあわせて、みごとなリズム打ちをしました。

みんなと同じことでなくても、気持ちをあわせることの心地よさを知ると同時に、「Fちゃんすごい！」「じょうずやった！」と、みんなに認められたFくんは、その日を境に「一番」を主張しなくなりました。

また、市民プールに行った帰り道でのことです。途中で靴が脱げてしまい「待ってー！」と叫ぶFくんの声に気がつかず、先に進んでしまいました。待ってもらえなかったと感じたFくんは、その場から動けなくなってしまいました。

そのことを伝え聞いた私は、日陰で安全な場所を選んで待つことにしましたが、Fくんはそれでは納得しなかったのです。その場で待っていなくても、みんなは最終的には待っている、ということがわかると思ってしまったことが、思いのすれ違いとなりました。私はFくんに「さっきは待ってあげられなくってごめんね」と謝りました。自分の気持ちをわかってもらえたと感じたFくんは、すぐに気持ちが切りかわり、また歩きだしました。改めて、子どもの思いに寄りそうことの大切さとむずかしさを感じました。

「みんなだって、がまんしてんねんで」

その後、運動会ではなわとびが跳べるようになったことが、Fくんの大きな自信となりました。また、Fくんがみんなといっしょにがんばったことを実感すると同時に、みんなもFくんのがんばりを認めていました。そのようななか、子どもたちにとってFくんへの関わりが特別なことではなく、自然なものになっていきました。あいかわらずFくんは、クラスを出たり入ったりですが、友だちとのつながりは強くなっていきました。

その反面、困ったことも出てきました。大好きな友だちに必要以上にくっついて、「やめて!」と言われてもやめられず、非難されてしまうのです。

あるときFくんが「Fはがまんできないんだよ!　○○ちゃんが大好きだからがまんできないんだよ!」とみんなに訴えました。そのとき初めて、いつもFくんの思いに添ってあげているみんなも「みんなだって、いつもがまんしてんねんで!　Fくんだってがまんせなあかんと思う」と、自分たちの思いをFくんに伝えました。

お互いが思いを出しあうことで、Fくんも、相手にも思いがある、ということに気づきはじめ、自分のしたことを少しずつ振りかえられるようになっていきました。そしてみんなも「Fくん、がまんできたやん」と伝えてあげる姿が見られるようになってきました。

思うように進まない生活発表会

卒園を前にして、園での成長を見てもらう最後の行事に生活発表会があります。この生活発表会をとおして、すべての保護者に、みんなでともに育ちあってきたことを感じてほしいと思っていました。題材には、『にんじんばたけのパピプペポ』（かこさとし　偕成社）を選びました。一年半ほどの園生活のなかで、友だちが大好きになったFくん。クラスのなかで自分の思いをぶつけながらも、なかまの支えのなかで成長してきました。Fくんは、発表会では「ババタがしたい！」と、張りきって取りくみに参加していました。

しかし、困ったことが出てきました。セリフも流れもすぐにおぼえてしまったFくんは、自分だけでどんどん進めてしまうのです。そのためセリフのやりとりができず、まわりの子たちの出番がなくなってしまうのです。そのうえ、後半部分にはババタの登場場面がないので、「どうしてババタが出ないの？　ババタがしたい。ババタが好きなんだよ！」と言いはじめました。

取りくみが思うように進まず、困ってしまった子どもたち。でも、それまでもずっとFくんをなかまの一人として接してきたので、口々に諭すように言いました。

「F、それは好きじゃなくて、好き勝手や。好き勝手ばっかり言ってたら、みんなの劇はできひんねん」「Fがいなくても劇はできるんやで」「でも本当は、二四人みんなでしたいねん」

このことばを聞いて黙りこんでしまったFくん。その後しばらく取りくみには参加せず、みんなのようすを見ている状況が続きました。

みんなに会えてよかった！

お話の最後で、ババタたちこぶたが、保育園や図書館などを建てます。ここで「なんで一番に保育園をつくったんかなぁ」という話しあいをもちました。

「そりゃ、子どもたちがかわいいし、大事やからや！」「だから、いっぱい遊べるようにって保育園をつくったんや！」と子どもたち。そこで、「みんなは保育園に来てどうだった？」と聞いてみました。

「〇〇して遊んで、楽しかった」「けんかもしたけどな…」「先生にも叱られたなぁ…」「はじめは鉄馬とかむずかしかったけど、みんなと練習してたらできるようになったで」「みんなに会えてよかった！」

楽しかっただけでなく、みんなでいっしょに大きくなったことを感じていることがわかりました。このことを保護者にも伝えたいと思い、劇のなかに盛りこみました。

Fくんは、その後、自分から取りくみのなかに入ってくるようになりました。そして、当日には自分で友だちとの〝間〟をとり、セリフを言ったり、演じることができました。友だちに言われたことを受けとめ、友だちの姿を見ながら、〝みんなの劇〟のなかで自分の役割を果たすことができたのです。

当日、保護者からは「保育園ってこんなふうに、みんなでいっしょに大きくなっていくところなんだなぁ、と思いました」という感想もいただきました。最後の大きな行事の取りくみをとおして、クラスがもう一まわり大きくなったことを感じました。

「大きくなったら保育園の先生になるんだ!」

生活発表会後は卒園まで一か月ほど。ゆったりと保育園生活を振りかえり、小学校への期待を高めていく時期です。発表会の取りくみのなかで、子どもたちの保育園への思いが十分に伝わってきたので、それを形にして残したいと思いました。

子どもたちと相談して、一つは、「保育園で楽しく遊んできた自分たちを作って残そう!」ということになりました。土台となる画面を園庭にして、色画用紙を使って、自由に遊んでいる姿を作っていきます。個人の活動ですが、やりはじめると自然に「缶けりしてるとこ作ろう!」「じゃあ、こっちは、はないちもんめしてるとこ作るわ!」などと何人かずつのグループができ、そのなかで構成も考えて作っているのです。次々にイメージがわき、すぐに画面は園庭で遊ぶ子どもたちでいっぱいになりました。

もう一つは、保育園生活最後の一年を、うたと寸劇で振りかえって、卒園式の第二部で披露することにしました。

一年を思いだしながら、たくさん歌ってきたなかから何曲かを選び、寸劇の場面づくりをします。夏に忍者とのやりとりを楽しんだことを盛りこみながら、実際にあったことに少しアレンジを加えて構成しました。

運動会後に保護者の転勤のために退園した友だちへの呼びかけも入れました。いっしょに育ちあった友だちとの別れはさみしいものでしたが、ことあるごとに「どうしてるかなぁ」と思いだしていた子どもたち。「いっしょに卒園」という気持ちをもっていてくれたことが、とてもうれしかったです。

最後に、一年間コツコツと自分のペースで技を磨いてきた遊び（あやとり、ぶんぶんゴマ、コマまわし）のなかから、一番得意なものを一つずつ選んで、見てもらうことにしました。

Fくんは、一泊保育の取りくみのなかで、忍者から巻物が届いたのを思いだして、「巻物作って！」と言いました。そして巻物には「Fは一年生になります。勉強がんばります…」などと書いてほしいと言うのです。Fくんの言うとおりに書くと、それをなんどもなんども読みかえしています。Fくんは巻物をとおして、みんなと同じように小学校への期待を高めていました。

Fくんは、寸劇のなかでもうたを歌うなど自分の役割を果たし、得意技では糸引きゴマを披露しようとがんばっていました。そして、「F、大きくなったら、保育園の先生になるんだ！」と夢を語ってくれました。

みんなに会えてよかったな

いよいよ卒園式当日。子どもたちは晴れ姿で登園してきます。胸にはお祝いに、職員が作ったぞうのバッジをつけます。

第一部は少しおごそかに、証書授与や、園長の話、来賓のあいさつ、うたなどで構成されています。子どもたちは証書を受けとったあと、小学校名と将来の夢を言います。家族の人には、今まで大事に育ててもらったことに、ありがとうの気持ちをことばで伝えます。そして、「おめでとう」とギュッと抱きしめてもらいます。保護者にとっては、子育てと仕事との間で大変だったことなどを思い起こしながら、わが子の成長に涙するときでもあります。

第二部では全園児が参加してお祝いします。練習してきた寸劇やうた、得意技を見せる子どもたちの姿は、もう立派な一年生といった感じです。在園児たちもその姿を見ながら、また一つ大きくなっていくのです。

卒園式最後のうたには、迷わず新沢としひこ作の「みんなにあえて　よかったな」を選びました。小学校に夢と希望を抱き、堂々と歌って、最高の笑顔で卒園していった子どもたち。本当にみんなに会えてよかったという思いでいっぱいになりました。みんなといっしょに泣いて笑って楽しんだ日々は、私のかけがえのない宝物です。

ともに育ちあった一年間

Ｆくんの思いに添いながら、まわりの子どもたちとも折りあいをつけていくのは、なかなか思うようにいかず、悩むことも多々ありました。しかし、Ｆくんの成長していく節目には、いつも友だちの姿がありました。みんなといっしょに楽しんだり、がんばったりするＦくんの成長を感じた子どもたちが、自分たちの思いもＦくんに伝えていく姿には感心しました。クラスの子どもたちもＦくんとの関わりを考えるなかで、お互いを認めあう集団へと育っていったのです。園全体でも全職員でＦくんの姿を知らせあい、みんなでたくさんのことを考えたり、気づいたりしながらともに育ちあってきた一年間でした。

ウォッチ
高陽なかよし保育園

のぼり棒にて

4歳児クラス

でも、本当は

できるようになりたい…

「○○ちゃんはできた」

「自分ができるかな？

やめとこうかな？」と

他と比べたり

常に葛藤していますが、

そこを乗りこえることで

自信をつけていきます。

みんなの前で
できんかったら
はずかしいな…
できるかなー
むずかしそうだなー
やりたくないなー

障害物リレーのさかあがりにて

5歳児クラス

できるようになりたい！

そしてできるようになれば

チームも速くなる！勝てる！と

自分のチームのことを

考えて修行に励む！

そして、

チームメイトも…

もう帰るよー
まだする！
だって
修行しないと
チームが
負けるもん！
おい！
いっしょに修行
しよう！
教えるけー!!!
うん!!

幼児期の文字と数

神田英雄

かんだ　ひでお
1953年、埼玉県生まれ。
桜花学園大学教授。専攻は発達心理学。
全国保育団体合同研究集会やさまざまな研修会での講義や著書は、
保育者をはじめ、保護者にもわかりやすく、共感を呼ぶ。2010年、逝去。
本文は、『ちいさいなかま』2008年9月号特集小論より抜粋。
著書に、
『0歳から3歳—保育・子育てと発達研究をむすぶ〔乳児編〕』(全国保育団体連絡会)
『3歳から6歳—保育・子育てと発達研究をむすぶ〔幼児編〕』(ちいさいなかま社)
『伝える心がめばえるころ—二歳児の世界』(かもがわ出版)
『保育に悩んだときに読む絵本—発達のドラマと実践の手だて』(ひとなる書房)
『育ちのきほん』(ひとなる書房)ほか
編著に、
『子どもの「変化」と保育実践—「荒れる」「キレる」をのりこえる』(全国保育団体連絡会)
『保育とは何か—その理論と実践』保育の理論と実践講座第①巻(新日本出版社)
ほか

幼児期の文字と数は、長い間、マイナスの意味での「早教育」というイメージをまとってきました。それは、決して根拠のないことではありません。

ひらがなの教育について考えてみましょう。

「あいうえお」などの単純な文字の教育は比較的むずかしくありません。文字の形と音とを結びつけるように教えればよいわけですから。

では、「お」と「を」の違いはどう教えればよいのでしょうか。私自身、小学生のころのこんな思い出があります。教師に「ことばの後につくときに『を』を使って、ことばの途中にあるときは『お』を使うんだよ」と教えられました。

では、「『ひでお』という私の名前では「お」はことばの最後にあるのだから『ひでを』と書かなくてはいけないのではないか？」と悩みました。

また、私はいわゆる「優等生」だったので、「理解できない」ということを親や先生に知られるのが嫌で、教科書の文章をそのまま書き写して、「ほら、ボク、『お』と『を』の使い方をおぼえたよ」と見せてほめられるという、つらい見栄をはったこともあります。

「つ」と「っ」の違いや「や」「ゆ」「よ」と「ゃ」「ゅ」「ょ」の違いなども、似たむずかしさをもっています。文字を教えるとは、個々の文字の読み書きを単純に教えればよいわけではないことがわかります。何を、どういう順序で教えなければならないのかという、教科内容の系統性が必要とされます。

数も同じです。「1」〜「9」までは、比較的簡単です。「1」と「いち」とを結びつければよいのですから。では「11」はどう教えればよいのでしょうか。「10」を「じゅう」とおぼえた子は、「じゅういち」を「101」（「10」＋「1」）と書いてしまう場合があります。桁という概念がなければ「11」とは書けないわけで、理解が十分ではないとき、間違いを指摘されても、子どもには指摘された意味が胸に落ちません。

教科教育と領域別保育の違い

小学校以上の学校教育は、「教科教育」を中心として成り立っています。時間割を作って、特定の時間には特定の教育内容を教えるという教育です。

そして、どのような内容を、どのような順序で、どういう教え方で教えるのか、子どもはどこでどのような勘違いをしがちなのか、という教師の側の研究が積み重ねられています。

他方、保育園や幼稚園は、「領域」による総合的保育が原則です。特定の時間に特定の教育内容を教えるのではなく、遊びや生活をとおして子どもたちがさまざまな経験をし、そのなかで人間関係や環境などの「領域」について関心や知識が自然に身についていくように、というのが保育の原則です。ですから、生活環境のなかに文字がちりばめられていたとしても、どのような文字といつ出あうのかは偶然的な要素に左右されます。

このような教育方法の違いを理解していないと、小学校段階で教えるべき文字や数を幼稚園や保育園におろしてくればよい、という単純な考え方に陥ります。教育の系統性を無視して幼児期におろした場合、子どもたちは混乱したり理解できないだけではなく、苦手意識をもってしまうという落とし穴が待ちかまえています。

文字や数ではありませんが、私にも苦手意識をもった経験があります。幼稚園年長組に在籍していたとき、「おやゆびひめ」に関わる宿題が出ました。私は、何をどうすればよいのかさっぱりわからず、結局、祖母が私に代わって全部やってくれました。そのとき以来、私は「おやゆびひめ」という物語を怖れるようになってしまいました。今でも、「おやゆびひめ」と聞くと気持ちが後ずさりするような、わけのわからない恐怖感が私のなかにあります。

間違っていると言われたけれど、どこがどう間違っているのかわからないとき、子どもは、その教科そのものに対する怖れや苦手意識を深いところでもってしまうということです。

幼児と学童の学習様式の違い

なぜ小学校以上では教科教育、幼児期は領域による教育という違いがあるのでしょうか。その答え、子どもの学習方法の発達的特徴のなかにあります。

幼児期は、自分の意思で自分の能力をコントロールする力が十分ではありません。「お父さんの会社の電話番号は３２１５だよ」と教えたとしましょう。「おぼえてね」と指示すれば、幼児も小学生も「ウン」と言いますが、幼児は数日後にはケロッと忘れています。しかし、小学生は忘れないように、心のなかで「３２１５、３２１５…」となんども唱えて努力した結果、自分の記憶のなかに定着させます。「おぼえる」という行為に対して自覚をもち、目的意識的に自分の記憶力を操るようになっています。

もちろん、このようなおぼえ方が幼児期にまったくできないわけではありません。「きょうの欠席は三人です、と給食室に伝えてね」と頼まれた給食当番の子が、忘れないように「三人、三人…」と声に出しながら給食室に行く姿は、四歳児クラスや五歳児クラスではしばしば見られます。

自分の能力を自覚的にコントロールしようとする力は、早い子では四歳ごろから出現しますが、個人差が大きく、しかもすべての場面でできるわけではありません。自分の能力をコントロールするためには自分の行為を認識の対象にしなければなりませんが、それが十分ではないわけです。

たとえばしりとり遊びで、「りんご」→「ごりら」と遊びが続く場合、自分の言ったことばの最後は「ご」である、という自覚が必要です。しかし四歳児クラスでは、「りんご」→「りす」というように、語尾ではなくて語頭でつなげようとする子どもが出てきます。自分の行為自体に対する自覚が十分ではないことを物語っています。

他方、幼児期は楽しい活動のなかに学習課題がちりばめられていたときは、能力をフルに発揮します。オニごっこで「つかまえられたときは『3215』とおまじないを言えば逃げられるんだよ」というルールで遊んだとき、幼児はすばらしい記憶力を発揮します。

学齢期以降は自覚的に自分の能力を使いこなす力が育ち、その発達に依拠して教科教育が成立しますが、幼児期は楽しいときに自分の能力を最大限に発揮できるので、遊びのなかでの教育が適切なのだ、ということになります。

幼児期と学童期との間に存在する学習様式の発達的な違いを理解することが、幼児教育と小学校教育との違いを理解する根本に置かれなければならないでしょう。幼児は「ちいさな小学生」ではありません。それを無視して教科教育的な教育を幼児期に実施した場合、子どもに苦痛を与え、教育効果が薄いだけではなく、学んだことをすぐに忘れてしまったり、不必要な苦手意識を生じさせてしまうという、マイナスの副産物を生じさせてしまいます。

冒頭で、「幼児期の文字と数は、長い間、マイナスの意味での『早教育』というイメージをまとってきた」と書きました。「早教育」のマイナスの意味とは、幼児期の学習様式の固有性と学習の系統性とが必ずしも十分に配慮されず、「三歳なのに文字が書ける」というそれだけのことを取りだして、部分的に早くおぼえさせることに意味を見出す傾向があったということです。

環境としての文字と数

では、幼児期に文字や数に触れさせてはいけないのでしょうか。

みんなが絵を描いているとき、文字を書けるようになった五歳児が画用紙に文字ばかり書いてしまう姿がよく見られます。絵を描くよう求めたい保育者は「文字を書けること」を邪魔に感じてしまいますが、逆に言えば、それだけ文字に対する関心や喜びが子どものなかにはある、ということでもあります。

また私自身の経験で恐縮ですが、幼児期、商店をやっているわが家を訪れた問屋さんが、注文用紙に鉛筆で文字を書きこむ姿にあこがれたことがあります。どうしたら文字を書けるようになるのだろうと観察した結果、彼が鉛筆を使っているときには鉛筆の頭がゆらゆらと揺れていることに気づきました。芯が出ている鉛筆の先ではなく、頭の方を揺らして書けば文字が書けるかもしれないと考え、私も鉛筆を持って書いてみましたが、文字にならずにがっかりしました。この経験を今でもおぼえているのは、「文字を書けるようになりたい」という強烈なあこがれがあったからだと思います。

文字や数は、今日の日本では子どもを取り巻く環境の重要な一部を成しており、しかも、きわめて魅力的な環境刺激です。子どもの興味や関心に依拠した幼児教育を行おうとするならば、文字や数を無視することは、逆に不自然でもあります。

しかし、読み書きについての系統的な教育方法は幼児教育にはありませんし、先に述べた学習様式の違いも幼児期と学童期との間には横たわっています。

子どもたちが文字や数に対してどのようなあこがれをもっているのかを把握し、そのあこがれをふくらませ、「小学生になったらこんなことができるようになるんだ!」という、自分の近未来に対する希望をふくらませることが、幼児期と学童期との橋渡しになるのではないでしょうか。一つの文字が読めた、書けた、ということにこだわるのではなくて、文字や数のもつ魅力や可能性、やがて子ども自身の能力になる可能性を子どもたちに伝えていくことです。

そのような目で幼児期の「文字と数」を考えると、私たちは幼児が文字と数にどんなあこがれをもっているのか(または、もち得るのか)について、あまり考えてこなかったような気がします。

「文字と数」を考えるとき、私たちは「読めるか、書けるか、数えられるか」という技術的側面に目を奪われがちです。しかし、それをこえて、読み書きによってどんな可能性が子どもたちに開かれるのかを探ることができるかもしれません。

それは、子どもたちの成長へのあこがれや可能性に応えることにもなるのではないでしょうか。

5歳児…………

園児の八割が外国人のなかで

愛知・名古屋市九番保育園
中川あや子

名古屋市九番保育園は、名古屋市の南、港区の九番団地の中にあります。園児の約八割が外国の子どもで、そのほとんどがブラジル人です（二〇〇八年度）。こんなにブラジル人が多い理由は、一九九〇年に法律が変わり、日系ブラジル人が日本に来てすぐに働けるようになったこと、園のまわりには働ける工場がたくさんあり、派遣会社が団地を社宅がわりにしてブラジル人を日本に呼んだこと、などです。その結果、たくさんのブラジル人が九番団地に住むようになり、保育園にもその子どもたちが通うようになりました。

親も子もことばがわからない

「先週ブラジルから来た。働くから、保育園に入れてほしい」「一か月前に日本に来た。仕事が決まっているから、早く入れたい」などと、園には毎月のように問いあわせがあります。途中入園が多いので、クラスもなかなか落ち着きません。それに加えて、親子ともまったく日本語がわからないので意思の疎通がはかれず、苦労しています。

通訳パートが二〇〇三年一〇月より週二〇時間つくようになりましたが、すべてに対応できるわけではなく、大変です。保育は、保育士が片言のポルトガル語（ブラジル人の母語）で単語を駆使したり、身ぶり手ぶりや実物を見せたり、実際にやって見せたりして、なんとか進めます。子どもたちも、まわりの子どものようすや、やっていることを見てまねをしたりして、少しずつ、園生活に慣れていきます。

でも、子どもたちが一生懸命話してくれることばが保育士にはわからず、かわいそうになったり、残念な思いもしますが、年長組になると日本語もだいぶわかるようになり、簡単なことは子どもたちが通訳してくれるので、とても助かっています。

保護者に対しては、通訳さんが訳してくれたポルトガル語の園だよりなどを出していきます。また、日本語が少し読めたり、勉強したいと思っている保護者には、ルビつきの日本語版の園だよりも出して、両方いっしょに渡しています。しかし、保護者と直接話したい送迎の時間には通訳さんはいません。そういうときは、子どもたちへの対応と同じで、片言のポルトガル語や、身ぶり手ぶり、実物を見せたりしてなんとか伝えようと努力しています。大事なことは、通訳さんに電話をして伝えてもらっています。

日本語をおぼえる機会が少なくなって

しかし、外国人の子が日本人より多くなると、今まで子どもたちのなかで自然におぼえていった日本語が、なかなかおぼえられません。

園内では、日本語を使うように話しているのですが、毎月のようにまったく日本語が話せない子が入ってくると、その子との会話は、ポルトガル語でしかできません。そんなときは、「日本語で話してね」とは言えないので、ポルトガル語を黙認してしまいます。日本人も少ないので、どうしても日本語よりポルトガル語のほうが多く、部屋中ポルトガル語が飛び交っている状態です。

保育士との会話は当然日本語ですが、指示や注意することばが中心で、子どもたちのほうも簡単な要求のことばのみとなってしまい、お互いの気持ちを伝えあうのはむずかしい状況です。

給食中は、子どもたちも楽しくおしゃべりをしていますが、保育士や日本の子どもたちはそのなかに入れず、寂しい思いをしています。保護者も、日本の保育園に入れば日本語がおぼえられると思ったのに…と、残念がります。

それでも、ブラジル人の子どもも、卒園後はほとんどが日本の小学校へ進学します。ブラジル人の学校もありますが、私学なので月謝も高く、またすべての学校がブラジルから認可を得ているわけではありません。そんななか、日本語がよくわからないまま、小学校へ進学し、授業についていけるだろうか、きちんと学校に通えるだろうかという心配が、職員の間で話題になりました。

というのは、園児のお兄ちゃん、お姉ちゃんが学校を休みがちになったり、行かなくなったりという姿を目にしていたからです。また、幼保小懇談会のなかで子どもたちのようすを聞いたり、授業参観に行ったりすると、がんばってはいるものの、日本の勉強についていく大変さを感じました。

そんな子どもたちに、園として何ができるだろうかと職員間で話しあい、「日本人と同じスタートラインに立って、小学校に行けるように」を目標に、年長児を対象に「日本語で遊ぼう」と名づけた取りくみをスタートさせました。

年長児を対象に「日本語で遊ぼう」

以前から、プリントを使ってひらがなの練習や、当番のなかで数字を書いたりはしていましたが、書く以前に、ものの日本語名がわからなかったり、発音がわからなかったりするのでそこから始めました。教材は、市販のものや職員の子どもが使っていたものを使ったり、職員で考えて作ったりしました。時間は給食後の一時から一時四五分とし、二年前の冬に始め、昨年度からは四月スタートにしました。今年度は、昨年度のものを参考にして、大まかな年間指導計画も立てました。

この取りくみは、遊び感覚で楽しんでできるように心がけています。前半は、ものと日本語と文字とが一致できるように、手遊びやことば遊びを楽しみます。「あたま、かた、ひざ、ポン」や「しあわせなら手をたたこう」などのうたにあわせて、からだの部位の名前をおぼえたり、部位にあわせてその名前の書かれたカードを見せたりして興味をもてるようにしました。ことば遊びは、五味太郎、松谷みよ子、谷川俊太郎、工藤直子さんなどの絵本を中心に日本語の響きのよいことば遊びを楽しんできました。こういったうたやリズムのあることばは親しみやすいのか、子どもたちも喜んで歌ったり唱えたりしてよくおぼえました。

毎日歌ううたもおぼえやすい簡単なものにして、歌詞を書いて貼り、字に興味をもてるようにしました。また部屋のなかにある、時計、いす、机、ロッカー、粘土などにその名前を書いて貼り、読んだりできるようにしました。

数字は、「すうじのうた」や「いっぽんでもにんじん」を歌ったり、当番活動のなかで、給食人数を調べて表に書きこんだりしています。こうしたことを、遊び感覚で繰りかえし行うなかで、子どもたちも少しずつ日本語やひらがなに興味をもちはじめました。

後半になると、内容もだんだんむずかしくなります。前後左右、上下、大きい小さい、高い低い、などの空間認識や比較のことばをおぼえたり、字を書く練習を始めます。字を書くときは、担任だけではきちんと対応できないので、フリーの保育士が入り、個々に指導しています。

日本語の語彙《ごい》を増やすために、うたやことば遊びに加えてしりとりや、絵カードを使って、ものの名前の当てっこもしました。

このような取りくみを一年間とおしてやりましたが、日本人の子が自然に日本語をおぼえていくようにはいきません。園でしか日本語に触れる機会がないのでしかたがないのですが、身につけることがなかなかむずかしいのです。それでも、書かれている日本語を読んだり、自分の名前は書けるようになりました。

習慣の違いはあるけれど

ブラジル人は、明るくて陽気でおおらかですてきな人が多いです。子どもたちも明るくて活発でかわいい子ばかり。家族を大事にし、みんなとてもなかよしです。わざわざ異年齢保育をしなくてもいいくらいなかよしで、おおきい子はちいさい子をかわいがり、自然にやさしく接しています。

そんなすてきな人ばかりなのですが、国民性や習慣の違いで困ることもしばしばです。時間をあまり気にしない、休みでも連絡がない、家族が優先なので園の行事でも休むなど、日本人ではあまり見られないことがよくあります。冬には、「寒いから外に出さないで」「服は絶対脱がさないで」などの要求が出されます。子どもたちは汗をかいていても「ママが脱いではだめと言った」と言い服を脱ぎません。

休みが続くときは、園のほうから電話をして、ようすを聞くようにしています。懇談会やおたより、おたより帳で、日本の習慣や園の方針、集団保育の大切さを知らせたりはしていますが、まだまだ伝えきれていないので、いっそうの工夫が必要だと思っています。

また、絵本の貸しだしもしています。ボランティアの方にお話をポルトガル語に訳していただき、それを絵本に貼って貸しだし、親子で絵本の世界を楽しんでもらっています。これは、家庭で日本語の響きが子どもたちから親に伝わればとのねらいもあります。

そのほか、子どもたちに日本のことをたくさん知ってほしいので、園外へも多く出かけるようにしています。相撲部屋へ行って練習を見学したり、七五三には名古屋で一番大きな熱田神宮に行ったり、夏祭りには太鼓をたたいたり。家庭ではなかなかできないジャガイモ掘りや虫捕り遠足、あまり行けない水族館、動物園にも出かけます。また、他園との交流も行っています。

こういった園外保育は、子どもたちに地域を知ってもらう、交流のなかで子ども同士が刺激しあう、そして何より日本語が飛びかう空間に子どもたちを入れる環境作りとしてとても大切です。園外での体験は、九番保育園の子どもたちにとっては、日本語や日本の社会を肌で感じとる絶好の環境なのです。

ともに暮らせるように園が仲立ちとなって

これだけ、園に外国人の子が多くなると、日本人の親からは敬遠されがちです。ブラジルの人たちも団地の人たちとじょうずにコミュニケーションが取れません。それではいけない、もっと保育園を地域の方に知ってほしいと、地域の役員の方たちといっしょにいろいろな催しものをしています。

たとえば、団地内で行う防災訓練への参加の呼びかけを園でもしました。園外の親子を対象にした子育て広場は園内だけでなく、担当の保健師、民生委員、児童委員とともに地域の公民館でも行っています。

昨年の園でのクリスマス会のあとには、地域の方に協力していただき、地震を知らないブラジル人のために、防災グッズの紹介や起震車に乗ったりして、防災についての知識を教えてもらいました。

このように、地域の催事などをとおして保育園が、日本人とブラジル人やほかの国の人たちの仲立ちとなり、みんなでなかよく暮らしていけるといいなと思っています。そして、日本の子も以前のように多くなって、お互いが刺激しあえる関係のつくれる保育園になってほしいと願っています。

ボランティアフェスティバルに参加して
太鼓をたたいたよ

5歳児…………

生活のなかには文字・数との出あいがいっぱい

京都・朱い実保育園
中﨑あつ子

お昼寝がなくなって

朱い実保育園は、京都大学の敷地内にある定員一二〇名の保育園です。年長組は年が明けた一月ごろからお昼寝をしない生活になります。朝七時半から夜七時半まで開園時間いっぱいの保育時間が必要な家庭も多いなか、保護者とともに、意識的に就学に向けた生活リズムをつくっています。

お昼寝がなくなると、昼食後は食堂兼多目的室に移動して三時まで過ごしますが、その時間は絵本を見たり、工作をしたり、トランプやカルタ、オセロ、ブロックなど好きなゲームを選んで遊ぶ子どもたちの楽しい時間になりました。

そんな子どもたちの姿を見て、一つの空間で長時間友だちと楽しめる力がついたのだなあと妙に感激したものです。というのも、こうして過ごせるのか心配になるほど、走りまわって遊ぶことが好きな子どもたちが多く、また自分と相手の気持ちに折りあいをつけられず、生活や遊びの場面でもつれることが多々あったからです。

子どもが落ち着く空間を考える

まず、子どもたちが見とおしをもてて、安心できる空間づくりを考えました。

子どもたちが生活する部屋の個人ロッカーには、なわとび、粘土、クレヨン、のり、クーピー、自由画帳、三角鉛筆などを入れていましたが、早く遊びたかったり、まわりが気になって気持ちが落ち着かないと、そうしたものの片づけや管理が乱雑になりました。

また、狭い場所だとからだがぶつかって、すぐに人にちょっかいを出してしまうということもあったので、子どもたちがちょっと間をとれるように、机の配置なども含めて見なおしをしました。

保護者にも、しっかりと人の話を聞いて理解する力や、自分の経験や気持ちをことばで人に伝える力を育てるために、きちんと共感しながら受けとめてあげるおとなの存在の大切さを伝えていきました。

室内での遊びのなかで

そして、部屋での遊びを広げるために、いろいろな取りくみをしました。

朝の集まりでは、ボードや自分たちで作った一か月のカレンダーでその日の取りくみや少し先の生活を伝え、話しあいをしました。カレンダーは、1から31までの数字が並び、生活と密着していておぼえやすい題材です。今年度は、白抜きにした数字をクレヨンやクーピーでていねいに色づけをしたカレンダーを作りました。それぞれが色をぬりたい数字選びも楽しいのですが、はみださずにぬるだけでなく、丸や斜め模様を入れたりと、子どもたちはきれいに仕上げるのが楽しく、筆圧や手首の使い方も上手になっていきました。ここでは、クレヨンや鉛筆を握ることが苦手でも折り紙やひも結びが得意というような子どもの姿をていねいに見て、自信につながるようにしていきました。

「学習の基礎になる運筆力（鉛筆を自在に動かす力）や集中力が身につく」というドリル式の「めいろあそび」も使ってみました。子ども心をくすぐるキャラクターに、子どもたちは何枚も何枚もやりたがりましたが、結局はゴールをめざすことに力を注いだために、運筆力にならずにやせたミミズのような線になってしまいました。

また、自分のマークを貼りつけた白いプラスチックの名札板一〇枚を「自分のカード」にして、それを持ち寄って互いに出す枚数を決めて絵あわせをする遊びをしたのですが、これは何人でもできて、その子の力量で楽しむことができました。

お店屋さんごっこでは、メニュー作りや、はんこが押せるポイントカード作り、紙のお金作りもおもしろかったようです。数字の「1」を書いたあと、0をいっぱいつけて、なかには二段にわたって0を書いて、「どっちが大きい（お金）?」と友だちと競う姿もありました。

からだを動かす遊びのなかでも

外遊びについても、しなやかなからだづくりと器用な手先づくりを意識しながら、さまざまな取りくみをしました。なかでも「こおりオニ」は、みんなの大好きな遊びの一つになりました。ずるをしたり、捕まると怒ってしまったりなど、話しあうこともたくさんありましたが、「早く走る」「つかまらんように、身をかわす」「足の速い友だちを追いかけるのがおもしろい」などと子どもたちが言うように、その楽しさ、おもしろさは、子どもの力になり、一人ひとりの自信につながりました。

ホールや園庭、散歩先でやるときには、まずオニ決めをしますが、子どもたちはオニとのかけ引きを経験して、「三人では少ない」「五人は多すぎるし、アカン!」と、参加人数によってオニの数を調整したり、オニの立候補が多すぎるときには、二人組みやグループ分けをしていました。そこでのジャンケンのやり方も自分たちで考えだしました。

また、竹馬に取りくんでいるある日のことです。おやつの時間、子どもたちに、前日の夕方、創介くんが竹馬で六歩歩けたことを伝えました。創介くんは照れ笑いをしながらうれしそう。そんな創介くんを囲んでおやつのあとはみんな竹馬モードに。しばらくして、「先生、創介、二二歩行けたで！　ホントやで！」と圭くんがうれしそうに報告にきてくれました。

子どもたちは、竹馬はお尻で壁を押して一歩前へ進むのがむずかしいとわかっているので、途中入園のお友だちが練習を始めたときには、「一歩行けたら四歩行けるで！　四歩行けたらずっと乗れるで！」と励ましていました。

このような日常の遊びのなかで、子どもなりに数にこだわっている姿をほほえましく思いました。また、いろいろな遊びをとおして、改めて、何をどう取りくむかが大切なこと、そして、ていねいな生活の積み重ねが子どもたちの力をつけるのだと思いました。

大好きな当番活動では

子どもたちは当番活動が大好き。特に一歳児クラスへのお当番は、その日が来るのを待ちわびるほどでした。ちいさい子どもたちの着がえや手洗いの手伝いをして、手をつないでおやつを取りにいき、お皿に分けて配ってあげます。

クラスの当番では、二四人分の大きな数や、自分のお皿の小さな数を確認したり、あまったおやつを数え、半分ずつ分けあったりしていました。

当番活動をとおして、大きくなった自分を実感できたのはもちろんのこと、数や量を学んでいった子どもたちです。

みんなで祝う六歳の誕生日

六歳の誕生日には、みんなで誕生日を祝い、保護者に吹きこんでもらった「お誕生メッセージ」を聞きます。にぎやかな子どもたちがシーンとなるひとときです。うれしくて、にやけていすから転げおちるハプニングもありますが、思わず涙する友だちを見まもる姿や、友だちのお父さんのメッセージに「泣きそうになったわ…」とつぶやく姿は、子どもたちの心にお母さん、お父さんたちのことばが染みていくようでうれしいです。

お誕生日の友だちには、子どもたち一人ひとりが描いた絵カードを束ねて絵本のようにしてプレゼントしています。絵カードに添えることばは保育者が聞きとって書いています。直人くんは、彩花ちゃんが生活発表会で演じたローザ姫を描いて彩花ちゃんにプレゼントするため、四苦八苦してドレスを描いていました。

節分のオニ退治が終わると、一気に春めいてきます。「『おたんじょうびおめでとう。小学校へいってもがんばってね』と書いて」と、絵が描きこまれたカードを保育者に持ってくる子どもたち。生活の深まりとともに、誕生日のお友だちに気持ちを寄せて贈ることばや絵はすてきになりました。

生活を豊かにする取りくみを

このように、子どもたちの毎日を楽しく豊かなものにする取りくみのなかには、文字や数の基礎になることがいっぱいつまっています。

卒園前に、「そつえんします」と書いた大きな模造紙に一人ひとり自画像を描き、その横に自分の名前を書いて貼りだしましたが、気持ちをこめて書いた名前の文字の線は、ミミズのような線とはずいぶん違いました。

じっくりたっぷり、時間をかけて楽しくつくりあげる生活にこそ値打ちがあるのではないかと思います。

「みんなはどんな絵をプレゼントしたのかな？」
誕生日の友だちにプレゼントした
絵カードをみあう子どもたち

ウォッチ
高陽なかよし保育園

4歳児クラス
リレーにて

1.2.3….
ほんまじゃ!!
おい! あっちのチームのほうが1人少ないで! せこい!!
おい! あいつ3番じゃ! 速いから、おまえ3番行け!!
よし!!

勝負にこだわる年齢になり、
相手のチームの
人数をしっかり数えて
チームの力が
公平になるようにする。

こっそり相手チームの
順番を見て、
作戦を考える。

5歳児クラス
ゆうびんやさんごっこにて

お手紙、そんなに好きならゆうびんやさんにする?
ポストいるー!
切手いるー!!
するー!!
つくるー!
つくるー

郵便局の名前は相談して
「へいわ・ともだちゆうびんきょく」
と決定！

ゆうびんやさんの当番は
相談して役割を決めます。

大大大人気で
3月31日までほぼ
休まず続きました。

今日は誰に書こうかな?
せんせー字を書けんけ、書いて!
オレ配達!!
「〇〇君いっしょにあそぼ」って。オレの名前は書いた。
私切手売る。
ハンコおす!

幼児期の「教育」のあり方を考える

どの子も豊かな学びの主人公

福島大学
大宮勇雄

おおみや　いさお
福島大学人間発達文化学類教授。
幼児教育担当。
主な著書に、
『保育の質を高める―21世紀の保育観・保育条件・専門性』(ひとなる書房)
『学びの物語の保育実践』(ひとなる書房)
共著に
『いい保育をつくるおとな同士の関係―保育者・保護者、
保育者同士・保護者同士が理解しあうために』(ちいさいなかま社)
『子どもの心が見えてきた―学びの物語で保育は変わる』(ひとなる書房)

どんな人間を育てたいか

1……教育と不安、負のスパイラル

先日耳にした、お母さん同士の会話です。「早期教育とかやらせているけど、やればやるほど不安になって、ますますのめりこんでいってしまう気がするのよ」「そうよね。だからやらせないのも不安だからって、英語とかスイミングとかいろいろやらせてあげようと思っているけど、でもそういう教育がいいと思っている人は少ないと思うわよ」

学力テストで小学校のときから順番がつけられ、小学校へ入学したときから一斉授業をおしゃべりもしないでじっと聞けるのがあたりまえであるかのように言われる時代、「わが子の教育」への不安が強まるのはごく自然なことです。しかし、「教育」に熱心になればなるほどわが子の成績がほかの子との比較で気になってしまうというのはどこか変です。なぜなら、子どもたちは親の期待に真剣に応えようとしてがんばっていることを—その結果ではなくて—もっともっとおとなにほめてほしいのに、おとなたちが不安なまなざしで自分を見てることに納得がいかないでしょうから。

わが子のことはかわいいと思っているのに、こと教育となると不安になるのは、子どもの「学びと育ち」が見えていないからです。

2……「学ぶ意欲」と「ともにする力」を育てたい

子どもは遊びのなかで育つとよく言います。しかし、日々の遊びのなかにはっきりと「学び成長する姿」が見えていなければ、そのことは容易に信じられないでしょう。そもそも私たちは、どんな「学びや成長」を子どもに期待しているのでしょうか。

今の社会では何より「学力」が大事だと言われます。しかし、本当に大事な学力と、紙のテストで測られた点数とは違うものです。考えてみてください、職場で頼りにされる人というのは、たとえば高校のとき数学のテストの点数が高かった人でしょうか。それ以上に「あきらめずに学ぼうとする」人が頼りにされるのではないでしょうか。学校とは違って、実社会では「正解」を誰も知らない問題にしばしば直面します。そういうときに他人まかせや他人のせいにしないで、問題の解決に向かって知識を広げたり、相談したり、あきらめずに努力したりすることが大事です。真に大事な「学力」とは、「自ら意欲的に学ぼうとする力」なのです。

もう一つ大事な力は、「(人と) ともに何かをする」力です。東日本大震災では、自分一人ではなく、手をさしのべ手をつないでくれる家族・友人・なかまとともに生き、生かされていることを誰もが痛感したと思います。「何を」するかは一人ひとり違っていてもいいのだと思います。ただ、相手の立場に立って考え、行動しようとする人間こそ、私たちが教育したい人間です。

学ぶ意欲はどんな姿をしているか

1……意欲とは「むずかしいことに立ち向かうこと」

そこで次に考えなくてはならないのは、子どもがどんなことをしているとき、「意欲をもって学ぶ力」が育っていると言えるのかということです。子どもが「人とともに何かを自らしようとする」姿とは、具体的にはどのようなものなのかという点です。繰りかえしますが、そうした姿をわが子の日常のなかに見ることができれば、自信をもって子育てにあたることができるでしょう。

はじめに、「学ぶ意欲が育っている」とはどんな姿なのか、専門家の手による研究を素材に考えてみましょう。

私たちは、意欲というものをつい、「おとなが期待することをやること」と考えがちです。そうなってしまうとやはり「できること＝意欲の表れ」となってしまいます。

学習意欲を研究しているキャロル・ドウェックという心理学者は、その始まりは幼児にあるとして、四歳児を対象におもしろい実験をしています。子どもたちに四題のパズルを解いてもらいますが、最初の三題はむずかしく全員が解けません。最後の一題は全員が解けるという結果になります。そのあとに、もう一度やってみていいよと一つパズルを選ばせます。できなかったパズルと解けたパズルとほぼ半々に分かれるのですが、解けたパズルを選んだ子は「簡単」「できるから」「失敗しないから」と選んだ理由を答える。それに対して解けなかったパズルを選んだ子は「くやしい」「こっちのほうがおもしろい」「やればできるよ、きっと」と答える。

こうした選び方に現れているのは、むずかしいことやわからないことに対する各人の立ち向かい方の傾向です。つまり、前者の場合は、「できたという結果」を求めて行動を決めているので「結果志向」と名づけています。他方、後者の子どもは、むずかしいことや自分が答えを知らないことに挑戦すること、それ自体がおもしろいわけです。人間というのは、一段むずかしいことにチャレンジするなかで、さまざまなことを学んでいく。そこに成長がある。ですから、このような子どもたちは、それとは知らず「学びと成長」に向けて行動している。そこでドウェックはこうした子どもを「学び志向」と名づけ、そのなかに学ぶ意欲が育っているのだと指摘しています。

むずかしいことやわからないことに果敢に挑んでいく「学び志向」の子どもたちは、おとなからの援助があれば、かなり多くの「学びと成長の機会」をつかむことができることは明らかです。さらに、楽観的な見とおしをもっていれば、そうしたチャンスのなかで周囲に積極的に働きかけ、周囲の人やモノから多くの助け・ヒント・資源を得ることができ、それらを得るための術も身につけるでしょう。

2……「その子の視点」に立つと学ぶ意欲が見えてくる

ドウェックのこうした研究を踏まえると、「学ぶ意欲」は「むずかしいことやわからないことに粘り強く立ち向かう」姿のなかにあるということになります。「やすやすとやれる」というよりも、むしろなんどやってもできないのにそれでもやってみようとする姿や、毎日毎日同じことの繰りかえしのように見えるなかで少しずつむずかしいことに自ら取りくもうとする姿こそが「学ぶ意欲」の本当の姿です。

大事なことは、むずかしいことが「できる」ことではありません。そういうものにおもしろがって取りくむことです。ですから実際には失敗してばかりいるとか、意味のないいたずらが多いと見えるような姿のなかにも、学ぶ意欲があるのです。

もう一つ大事なことは、困難やわからないことといっても、それはほかの子との比較で見るのではなく、その子にとってむずかしいかどうかなのです。そういう視点で子どもを見てください。必ず驚くような「学ぶ意欲」が育っていることが見えてくるはずです。私事で恐縮ですが、孫娘のハナちゃん（一歳半）があるとき、散歩に行くときの靴を自分で履くと言ってやっていました。うまく履けません。「ムッカシイ、ムッカシイ」と言いながら、でも「ママ、やって」とは決して言いません。ここにこそ、「自ら」困難に立ち向かう姿があるのです。

ポイントは「ハナちゃんの視点」に立って見ることです。もし「おとなの視点」で見れば、「もう時間がないのにモタモタやっている」「靴を履くのが下手ね」と見えてしまいそうですが、ハナちゃんの視点が見えると彼女の学ぶ意欲が頼もしく見えてきます。

「ともにする力」が育つ姿をとらえる

1……大事件を子どもたちはどう解決したか

もう一つの「人とともにする力」はどのような姿なのでしょう。まずは、そのことを小学生の事例で取りあげてみましょう。この事例は私が所属する福島大学の附属幼稚園の保育者たちがニュージーランドの「学びの物語」の視点で子ども理解を深めようと三年間取りくむなか、附属小学校二年生のクラスと幼稚園年長組との交流のなかで起こった「カエル事件の記録」です。

五月二二日●《ガマくんをよろしくね》

附属小学校の小学二年生が交流にやってきた。自分のやりたい遊びをしているなかで生まれる自然な交流を期待して、幼稚園児が自由に遊んでいるところへ、小学生が来て思い思いが好きに遊ぶスタイルで行われた。遊んでいる間に、幼稚園に代々住み着いているヒキガエル（幼稚園児は親しみをこめてガマくんと呼んでいる）を見つけた。

二年生が帰る際、カエルを連れて帰りたいと言いだした。き組（年長）の幼児は「連れて行っちゃいやだ」という子が多かったが、「また幼稚園に来るときに連れてきて、飼い方を教えてあげる」という二年生の提案を受けいれ、年長児たちは大きな声で「ガマくんをよろしくね！」と二年生に手を振った。

六月三日●《私たちの気持ちはどうなるのよ！》

再び二年生が来る日。二年生に兄がいるタイチが登園後すぐに、青い顔をして担任のところへやってきた。「あのね…ガマくん逃げちゃったんだって！」それを聞いた年長児たちは、息をのんで黙ってしまった。静まりかえった保育室の中で、サトミが「だから、連れてっちゃいやだって言ったのに！」と声をあげた。（中略）

そこへ、二年生がやってきた。二年生は、カエルの代わりに…と、グッピーやアマガエルを持ってきてくれた。そして口々に「ごめんね」と言う。年長児たちは困った表情で遊びつづけていた。一人の二年生が年長組担任のところへ来て、「代わりのカエル持ってきたんだから、もういいじゃん」と言う。すると、近くで遊んでいたユマやカナエが、「私たちは、ガマくんじゃなきゃダメなんだよ！」「代わりとか、ごめんとかばっかり言って、私たちの気持ちはどうなるのよ！」と言いはじめた。二年生（とりわけ、カエルを家に連れて帰って、結果的に逃がしてしまった二年生A）は、困って黙りこんでしまった。

六月五日●《オレに休めってこと？》

小学校の生活科の公開授業。次の幼稚園との交流に向けての話しあいが行われていたが、カエル事件について触れないわけにはいかなかった。二年生は「Aくんの顔を見ると、カエルのことを思いだしちゃうよ」「きっと許してくれないと思う」「（カエルを）どうして連れてきたんだよ？」（おまえが連れてこなければこんなことにはならなかったのに！）と口々に言いはじめる。A「オレに明日、休めってこと？」とがっかりしたようす。隣の席の女子が「そんなこと言ってない！　休んじゃダメだよ!!」と必死にかばいはじめた。「オレ、今日、沼に行ってカエル探すかなあ」とAが言いだすと、「あのカエルじゃないとダメなんだよ。許してもらえないんだよ」という声があがり、Aはどうしていいかわからなくなってしまった。

結局二年生が考えたことは、幼稚園児がカエルのことを忘れるぐらいに楽しく過ごせるよう、「カエルのことは忘れて楽しく遊ぼう」ということになった。

授業が終わったあとも、Aは下を向いて肩を落として歩いていたので、「明日、幼稚園で待ってるからね！」と幼稚園から参加していた私（年長組担任）が声をかけると、ようやく笑って「うん、明日ね！」と手を振って言った。

六月六日●幼稚園との交流の日《これが私たちの気持ち！》

二年生は幼稚園へやってきてすぐ、園庭に小学生だけで集まって、この日の交流授業の『めあて』の確認を始めた。今日の授業の『めあて』は、「〇〇〇のことは忘れて、楽しく遊ぼう」というものだった（カエルと書くと幼稚園児が思いだしてしまうかもしれない、「もうカエル」などのことばもあえて使わないようにしようという配慮だったらしい）。Aも年長組担任に向かって「先生！　オレ、来たよー！」と手を振ったので、「待ってたよ！」と迎えいれた。ほとんどの二年生は、何事もなかったかのように振る舞い、幼児の遊びに関わっている。年長児も、先日怒ったことで気がすんだのか、楽しく過ごしていた。

しかし、カエルを逃がしてしまったAを中心に二年生五～六人が、「もしかしたら幼稚園に戻ってきているかもしれないから…」と、軒下や畑のまわりなどを這いつくばるようにしてカエルを探していた。結局、カエルは見つからなかったが、二年生のBが真っ黒になった体操服を見せながら「見つからなかったけど、これが私たちの気持ち！」と笑顔で言ってきた。年長組担任が、そのことを年長児たちに伝えると、みんなホッとしたような顔をして笑顔になった。

2……小学生の豊かな学び

この記録を読んで強く印象づけられるのは、小学生たちの「学びの豊かさ」です。六月五日の公開授業のときの、子どもたちの真剣な話しあいには圧倒されます。

ここに繰りひろげられているのは、まさに「人とともにする」姿です。Aくんだけでなく、隣の席の女の子も、ほかのクラスメートもそれぞれ、幼稚園児の立場に立ったり、Aくんの立場に立ったり、クラスメートの立場に立ったり、さまざまな視点から自分の行動を振りかえり、解決の手立てを考えています。子どもの視点に立って見るとき、「ともにする」というのは、相手の立場に立って考えたり行動したりすることであり、そのために自分の考えや気持ちを相手に伝えようとする姿だといっていいでしょう。

交流の当日、子どもたちはカエルの話をしないと決めますが、その決まりは簡単に破られます。もしかしたらカエルが戻ってきているかもしれないから、そしたらみんなが笑顔になれるからと、いてもたってもいられず子どもたちは這いつくばって、服の汚れも気にせずに探しはじめます。

こうした一連のハプニングのなかで、Aくんをはじめとして小学生たちが学んだものは、「失敗するのはいけないこと」というような、皮相な学びではありません。ここでの学びをニュージーランドの保育指針「テ・ファリキ」のことばを借りて説明してみます。

「遊びが意味のある学習として尊重され、自発的遊びの重要性が認められる環境」があるとき、「子どもたちは、（まず）物事を決め、自分で選び、自分の問題を解決する能力を発達させる。（次に）知らないことや不確かなことというのはよき学習となるためのプロセスの一部であるという態度を発達させる」

「知らないことや不確かなこと」、つまりどのように解決することができるかがわからないような状況というのは、「よき学習」、つまり新たな学びの出発点であるという態度で臨むことができるのだということをAくんたちは学んだことでしょう。

テ・ファリキには次のような一節もあります。

「子どもたちはほかの子どもたちといっしょに学習することが促される環境を経験する」と、「さまざまな場面のなかで、順番を守ること、問題を解決すること、交渉すること、他の人の視点に立つこと、ほかの人の助けとなること、ほかの人の態度や感情を理解すること」や「グループの決定に対して責任をもつことを含めて、グループの要求や幸せに対して責任を感じ尊重するという感覚を発達させる」と。

Aくんは、自分の行動の結果、クラスや幼稚園の友だちに申し訳ないことをしたと感じたことでしょう。しかし、「相手の視点に立って考え行動する」ことがなんらかの形で問題解決につながるものであることに、これまで以上に確信がもてたことでしょう。そうしたことを通じて、彼は「グループの要求や幸せに対して責任をもって生きる」とはどういうことかを学んだことでしょう。Aくんは、自分がやった行動がもたらした「失敗や迷惑」に落ちこんでしまいました。しかし、保育者の励ましがあり、そしてみんなで話しあったことで、最終的にはみんなが笑顔になりました。こうした一連の学びを通じて、Aくんをはじめ、小学生たちはこれまでより数倍、自分から進んで「ともにしよう」と努力する人間に育ったといえるでしょう。

どの子もどんな子も、学びの主人公として見えてくる

「子どもが人とともになにかをする」姿がどのようなものであるかを見てきました。そこからわかる重要な点は次のようなことです。

第一に、乳幼児期の子どもたちとまったく同じく、小学生たちも学校での生活や遊びのなかで豊かに「ともにする」とはどういうことかを学んでいるということです。近頃、幼児教育は小学校教育の準備として大事だと強調する傾向が強まっています。そのときの小学校教育はたいてい、教師が一斉授業をとおして教えることを想定しているので、幼児期においても早くから一斉形態の保育や先生の話を黙って聞くことを子どもたちに要求すべきだということになりがちです。しかし、カエル事件の話しあいを読むと、小学校の子ど

もたちは幼児期よりはるかに豊かに「ともにする学び」を進めています。小学校との接続を考えるときには、そうした姿を大事にしようとする視点に立つ必要があります。

第二に、これは「学ぶ意欲」と共通することですが、「ともにする」姿を、おとなの期待に応えて協力することや集団の行動に遅れないことなど、いわば「おとなの期待」だけから見てはその豊かさが見えてこないということです。子どもたちが、相手の立場に立って行動している姿、あるいは相手に対して自分の考えや気持ちを表現し伝えようとする姿自体が、「人とともに何かをする」力が育っている瞬間なのです。

ですから、私たちが子どもたちの学びをリアルにとらえるには、何よりまず「その子にとっての意味」「その子の視点」を理解することが大事です。みんなができることができるかどうかというような、その子の外に視点を置くのではなく、その子にとっては何が「困難」なのか、その子なりにどのように「相手の立場を理解し応えようとしているか」、そこに目を向けることが大事です。そうすると、どの子も、どんな子も実に人間性豊かな学びの主人公―指示されてする学びではなく、自ら進んで学ぶ主体―であることが見えてきます。そうしてはじめて私たちは、人間的な姿のなかに教育があることを確信することができるでしょう。

保育のきほん
4・5歳児

2011年8月20日　初版第1刷発行

編集――――『ちいさいなかま』編集部

発行――――ちいさいなかま社
〒160-0001 東京都杉並区阿佐谷北３-36-20
TEL 03-3339-3902（代）
FAX 03-3310-2535
URL http://www.hoiku-zenhoren.org/
発売――――ひとなる書房
〒113-0033 東京都文京区本郷２-17-13　広和レジデンス101
TEL 03-3811-1372
FAX 03-3811-1383
Email:hitonaru@alles.or.jp

印刷――――光陽メディア

ISBN978-4-89464-164-8 C3037

イラスト――――近藤理恵

ブックデザイン――阿部美智（オフィスあみ）